A CASE STUDY ON THE ORGANIZATIONAL RESILIENCE OF DOMESTIC ENTREPRENEURIAL ENTERPRISES
IN THE VUCA ERA: TAKING COMPANY ZM AS AN EXAMPLE

乌卡时代
国内创业型企业组织韧性案例研究
——以ZM公司为例

杨 茜——著

经济管理出版社
ECONOMY & MANAGEMENT PUBLISHING HOUSE

图书在版编目（CIP）数据

乌卡时代国内创业型企业组织韧性案例研究 ：以 ZM 公司为例 / 杨茜著． -- 北京 ：经济管理出版社，2024.
ISBN 978-7-5096-9809-9

Ⅰ．F279.23

中国国家版本馆 CIP 数据核字第 20247HM642 号

组稿编辑：张馨予
责任编辑：张馨予
责任印制：许　艳
责任校对：蔡晓臻

出版发行：经济管理出版社
　　　　　（北京市海淀区北蜂窝 8 号中雅大厦 A 座 11 层　100038）
网　　址：www. E-mp. com. cn
电　　话：（010）51915602
印　　刷：唐山玺诚印务有限公司
经　　销：新华书店
开　　本：720mm×1000mm/16
印　　张：13
字　　数：193 千字
版　　次：2024 年 12 月第 1 版　　2024 年 12 月第 1 次印刷
书　　号：ISBN 978-7-5096-9809-9
定　　价：98.00 元

前　　言

中国的改革开放至今已经有四十余年，我国民营企业获得了前所未有的蓬勃发展。据统计，民营经济贡献了 50% 以上的税收，60% 以上的国内生产总值，70% 以上的技术创新成果，80% 以上的城镇劳动就业，90% 以上的企业数量。国家市场监督管理总局数据显示，截至 2023 年 9 月底，全国登记在册的民营企业数量超过 5200 万户，民营企业在我国企业总量中的占比达到 92.3%。①

在中国民营企业中占据相当数量的是创业型企业，它们年轻、创新能力强、充满活力、敢于挑战、成长迅速，由此获得了外界的不少关注、肯定和期待。对于创业型企业而言，外界送给它们的标签很鲜明，如"小而美""颠覆""创新""新的增长点"等，同时对它们的担忧也不少，如"脆弱""昙花一现""噱头""飞上天的猪"等。在组织研究领域，国内创业型企业由于在规模、体量、成长性、易变性等方面较为特殊而容易成为受关注的研究群体。在企业案例研究方面，常见的研究范式是将视角聚焦于单个企业开展静态研究，或者 2~3 家企业进行横向的比较研究，对于深入企业内部开展长期纵向研究的案例则非常少。一方面，受时间、地点、机遇、商业周期等

---

① 参见《经济参考报》于 2023 年 11 月 15 日刊发的文章《全国登记在册民营企业数量超 5200 万户》。

因素的限制，深入企业进行长期纵向研究的可行性、持续性受限；另一方面，囿于企业的商业秘密、知识产权方面的保护以及保证企业正常开展运营活动等，最终成行的着实不多。这在一定程度上使有关企业纵向研究的资料和素材相对匮乏，在纵向视角上对企业发展的认知、理解和把握存在不足。

"这是最好的时代，这是最坏的时代；这是智慧的时代，这是愚蠢的时代；这是信仰的时期，这是怀疑的时期；这是光明的季节，这是黑暗的季节；这是希望之春，这是失望之冬"，英国著名文学家狄更斯在《双城记》中对维多利亚时代看似矛盾的描绘却充满睿智的洞察和深刻的剖析。那个时代的典型特征似乎也同样可以喻指当下，有人用"黑天鹅""灰犀牛""蝴蝶效应"等不同角度的比喻来形容这个复杂多变、充满不确定性的时代。的确，在如今的时代背景下，我国民营企业的生存压力较大，企业面临的挑战也越发不确定、复杂、多变，很多时候企业不知道竞争对手从哪儿冒出来，它们可能和本行业压根儿不相关。面对国际国内环境发生的深刻复杂变化，很多民营企业一度陷入发展困境。特别是其中占比较高的创业型企业，其自身特点使其抵御风险的能力相对较弱，尽管国家先后出台了一系列政策和措施支持创业型企业渡过"寒冬"，但是创业本身具有一定的复杂性和风险性，创业过程中依然面临诸多制约因素，一些企业最终因经营不善，一蹶不振甚至破产。如何帮助国内创业型企业在这样的时代背景下渡过危机，突破瓶颈，在各种挑战中取得突破和可持续发展，是有意义的研究课题，也是迫切需要关注的研究方向。

鉴于此，本书旨在关注乌卡（VUCA，是"Volatility"易变性，"Uncertainty"不确定性、"Complexity"复杂性、"Ambiguity"模糊性的首字母缩写）时代背景下的我国创业型企业组织韧性课题研究。罗兰·贝格国际管理咨询公司前CEO常博逸认为，中国的民营企业自1978年改革开放开始正式发展，这正是乌卡时代初现端倪的时候。可以说，诞生于乌卡时代的中国民营经济对乌卡世界的适应是与生俱来的，中国企业也因此形成了自己独特的管理风格。由此，从国内创业型企业中遴选有代表性的组织，对有关乌卡时代组织韧性进行研究是较为合适的。本书选取了近年来我国市场从空白到高速发展的新行业赛道——智能机器人行业，锚定该领域中新创立的，快速崛起、业绩显著，取得较好行业排名，有一定品牌影响力和消费者拥趸，经历过典型的乌卡时代挑战及组织危机，并依靠自身组织韧性渡过危机，已取得一定的创新和突破的智能自清洁机器人新贵 ZM 公司为样本。采用案例法、文献法、访谈法、比较法等方法持续跟踪、纵向研究企业从成立以来的 5 年间，不同时期所面临的挑战、应对方法和策略，以及如何将不利转化为有利并使其成长为长期的组织能力，力求真实还原一家代表性的国内创业型企业从初创到快速发展，再到逐渐成熟等不同组织发展阶段的组织韧性变化轨迹，并结合时代背景、行业特点、企业丰富且详尽的案例来诠释和解读这一类创业型企业是如何应对时代变化和挑战的，深刻解读这一类企业的组织韧性构建以及组织韧性的演化历程和发展变迁。同时，归纳了我国创业型企业组织韧性的特点和基因、优势和不足，总结了组织韧性理论在我国创业型企业管理实践中的经验，发掘组织韧性理论在我国创业型企业运用的价值和意义。

与依靠外部力量相比，在我国创业型企业的生存和发展历程中，能够依靠自身的组织韧性在乌卡时代和挑战中顽强生存、渡过危机甚至取得一定突破的企业，往往组织韧性更强，同时意味着能够经得起时间的考验，毕竟依靠外部助力是暂时的、外生的、具有不确定性，而自身韧性是长久的、稳定的、内生的、可靠的、可持续的。所以，这样的企业的宝贵经验对于企业经营者和管理者而言是具有启发和借鉴意义的，也是组织和管理实践中具有代表性、值得研究的范例和样本。

本书的内容共分为五章。前半部分为理论部分，包括本书研究的背景和意义、目的和内容、方法和创新等，并分别对乌卡、创业型企业、组织韧性三个方面的理论进行了梳理和解读。后半部分主要为案例和实践部分，此部分以一家 4000 人规模、快速发展的科技型智能机器人行业的创业型企业为例，针对该企业的不同发展阶段，分析其组织韧性从建构到发展、到升级再到成熟的全过程，并结合具体案例对其运用组织韧性理论和组织韧性框架模型进行组织能力的建设进行了深入的解析，探讨了该企业在乌卡时代面临的各种挑战和危机下，其组织韧性的特点、作用机制和作用效果，以总结该企业组织韧性方面的优势和劣势，组织韧性框架模型的层次、内涵和成熟度。此外，对该企业未来的组织韧性发展情况进行了展望和预测。在结尾部分总结了乌卡时代国内创业型企业组织韧性案例研究的相关结论，并对组织中的员工、组织、政府分别提出了建设性的建议。

第一章介绍了乌卡时代国内创业型企业组织韧性研究的背景、意义、目的、内容、方法和创新。主要阐述了乌卡时代复杂、多变、模糊、不确定等特点对企业造成的各种冲击和挑战，以及来自乌卡时代的各种挑战与以往所处时代相比具有怎样的典型特点，在这些挑战愈演愈烈之时，研究企业的组织韧性问题就迫在眉睫。为什么有的企业承受不住打击容易一蹶不振甚至破产，有的企业却能越挫越勇，获得可持续发展甚至基业长青？与人有韧性一样，企业同样也具有韧性。人的抗压能力不同，企业的组织韧性也有明显差别。具有较强组织韧性的企业有哪些特点？组织韧性在企业发展中发挥了哪些关键作用，可以给其他企业提供哪些借鉴和帮助？如果从解构的视角分析组织韧性，能够分解成几个层次？本书研究采用案例法、文献法、访谈法、比较法等主要方法对以 ZM 公司为代表的国内创业型企业进行了细致研究，并且不囿于传统的案例研究范式，采取长期的跟踪调查、访谈、观察进行了纵向对比研究。在研究创新方面，本书研究弥补了组织韧性理论本土化应用和实践研究的不足，并尝试对国内创业型企业组织韧性的基因和特点进行归纳和总结。另外，本书尝试将乌卡、组织韧性和创业型企业三者结合起来进行研究，以往的研究则更多见于单视角或两两结合的视角。本书研究还对组织韧性的纵向研究进行了有益补充，并对我国企业应用组织韧性理论的经验进行总结，以供其他企业借鉴和参考。

　　第二章梳理了相关理论，分为乌卡相关理论、组织韧性相关理论、创业型企业相关理论和相关相论的贡献与不足。其中，乌卡相关理论包括乌卡的定义和特点，乌卡的内涵，乌卡时代视角下组织管理的应对原则，乌卡时代视角下组织管理的实践准则，适应乌卡时代的组织特征五个方面。组织韧性相关理论包括组织韧性理论的发展历程，组织韧性的定义、特点、前因、调节变量和效果，组织韧性框架模型三个方面。创业型企业相关理论包括创业型企业的定义，创业型企业的特点，创业型企业常见的内外部冲击因素，创业型企业组织韧性的形成要素，组织韧性对创业型企业的绩效影响五个方面，并在此基础上分析了理论层面的贡献和不足。总的来说，首先，组织韧性理论的整体性思维和系统性思考有助于企业应对乌卡时代的各种挑战。与以往商学院的传统理论不同的是，组织韧性理论的视角没有采用西方常见的解构思维去看待危机，而是用整体、系统思维去思索如何应对。其次，组织韧性理论为帮助我国企业应对乌卡时代错综复杂的经济环境，完成我国企业从"大到强大"的转型提供了新的价值引领。再次，组织韧性理论为企业经营者和企业管理者带来了问题诊断的框架和逻辑。最后，组织韧性理论为企业的可持续发展提供了新的视角和问题解决方法。理论层面的不足主要在于：首先，组织韧性理论本土化应用和实践的研究尚存在不足。其次，现有文章理论性研究偏多，缺乏对我国创业型企业组织韧性特点的研究和总结。再次，现有研究缺乏对乌卡时代、组织韧性和创业型企业三个方面的有机整合，横向研究常见，纵向研究少。最后，我国企业应用组织韧性理论和组织韧性框架模型的经验少有研究，有待总结。

　　第三章是对 ZM 公司组织韧性管理现状的介绍。主要介绍了 ZM 公司的基本情况，由于 ZM 是高科技行业，又是科技含量较高的智能机器人行业，因此着重介绍了其行业背景、组织的基本情况、产品和运营的基本情况、创始人和主要管理者的情况、员工的情况、核心竞争力等，回顾了 ZM 公司自创立以来的五年间，不同发展阶段面临的乌卡挑战，以及 ZM 公司在这些挑战下是如何思考、如何分析、如何应对、如何解决、如何复盘、如何总结的。探索该组织韧性的发展、演化和进阶的历程，每个韧性阶段的特点、策略和实践，通过一系列真实、具体的案例还原和描述典型的企业经营场景，如经营管理会议、战略讨论会议、部门月度会议以及经营方面的调研、计划、方案、举措、报告等场景，多视角展现了 ZM 公司组织韧性管理的现状。

第四章是对 ZM 公司不同阶段的组织韧性管理情况进行具体分析和解读。结合组织韧性理论、组织韧性框架模型以及相关管理学理论、心理学理论，解剖 ZM 公司日常经营的典型场景中组织韧性发展变化的原因和本质，逐一分析在不同的乌卡挑战下，ZM 公司思考、分析、应对、复盘、总结的底层逻辑、特点、选择倾向，以及这些挑战给 ZM 公司带来了哪些变化。探索了 ZM 公司在不同发展阶段组织韧性的动态演化过程，其组织韧性框架模型的内涵和价值，以及其组织韧性方面的优势与不足，分析了 ZM 公司与其他国内创业型企业在组织韧性方面的共同特征，挖掘了以 ZM 公司为代表的我国创业型企业的组织韧性基因，并立足于当下，结合未来组织、未来员工、未来行业，对 ZM 公司未来的组织韧性演进和发展进行了展望和预测。

第五章则是本书研究的结论与建议。总结了乌卡时代我国创业型企业组织韧性研究的相关结论，并归纳了一系列观察、洞悉、调研、访谈之后得到的发现和启示，找到盲点和不足，同时就组织韧性的主题分别对员工、组织和政府三个方面提出了建设性的建议，并对未来的相关研究进行了展望。

总的来说，本书研究发现，我国创业型企业运用组织韧性理论和组织韧性框架模型进行组织韧性管理、应对乌卡时代的各类挑战是切实可行的，组织韧性理论和组织韧性框架在企业实践中具有较强的实用性和有效性。组织韧性理论与乌卡时代、我国创业型企业三者之间具有较高的适配度，而且组织韧性框架模型构建了一个企业应用的模板，与其他管理理念和组织理论不相冲突、完全可以并行。对于我国创业型企业组织韧性的特点和基因，本书研究也发现：在战略韧性上，我国创业型企业往往能够提出有挑战性、清晰明确、具体可衡量的目标，坚持战略的一致性，并由此打造核心能力，战略推动、落地速度快。在资本韧性上，我国创业型企业善于利用资本杠杆，为后续长远发展铺平道路；在关系韧性上，我国创业型企业深刻认识到互惠关系是关系韧性的基石，重视客户关系建设；在领导力韧性上，我国创业型企业有足够的洞察力、灵活性和调整能力；在文化韧性上，我国创业型企业较为重视企业文化价值观建设。在探索组织韧性框架模型的内涵和价值方面，本书研究发现：关系韧性对我国创业型企业影响较为突出，互惠关系是组织韧性的基石。我国创业型企业的经营者和管理者往往较为重视战略韧性、资本韧性的塑造，而忽略关系韧性、领导力韧性和文化韧性方面的建设。组织韧性在企业不同发展阶段的演化和发展并不是线性的，存在阶段性的侧重方向、强弱变化、作用效果的不同。在总结运用组织韧性理论和组织韧性框架的经验时，本书研究发现：将组织韧性框架模型与其他管理学和心理学理论搭配使用可能效果更好。我国创业型企业的经营者和管理者有时难以区分是自身组织韧性的优势还是所处时代、行业的红利造就了其商业成功，可能出现基本归因错误，还可能出现组织韧性较强的企业依赖其自身成功经验而忽视了组织韧性的内省和检视的情况。

　　本书研究以真实企业为案例，可信性、借鉴性、参考意义相对较强，但难免存在一定程度的认知偏差、理解误差、盲点、疏漏和不足，欢迎广大读者不吝斧正！

目　　录

第一章　绪论

第一节　研究背景

一、创业型企业在现阶段经济发展中的重要作用

在一个国家经济发展中，创业往往直接体现了经济的活力和动力。在不同的经济体中，可以说创业型公司都是促进经济发展的巨大力量。我国一代又一代的创业者通过智慧和创新，塑造了一个个活力四射的企业，并对国民经济做出了重要贡献。创业型企业是现阶段我国经济发展中的重要一环，是创业创新的重要载体，也是国家重视和关注的企业类型。特别是 2017 年以来，一系列推动创业型企业发展的政策陆续出台。比如，在《国务院关于做好当前和今后一段时期就业创业工作的意见》中，提出要"促进以创业带动就业"，从就业视角论述了创业型企业的重要性。在《国务院关于推动创新创业高质量发展打造"双创"升级版的意见》中，提出"持续推进创业带动就业能力升级"，从就业能力视角阐述创业型企业的重要性。在经济发展逐

渐趋缓、就业压力较大、外部环境带来不利影响等前提下，鼓励创业和创新，以此带动就业、带动经济转型和企业升级已经是目前工作的重中之重。除了经济方面的意义，在其他相关领域创业型企业也发挥着不可小觑的作用。比如，通过创业型企业推动经济转型升级、实现经济发展新动能的转换、稳定就业、实现社会阶层跨越、保障社会公平与公正、实现政府职能的调整、社会治理升级等方面，创业型企业都有很强的示范效应。

中国社会科学院数量经济与技术经济研究所、经济日报社中国经济趋势研究院共同编制的《创业企业调查（二期）报告》于2019年9月正式对外发布。该报告指出，在我国经济进入新的发展阶段之际，创新创业作为动能转换的代表性方向，是保障我国经济持续健康发展的条件之一。自国家提出"大众创业、万众创新"以来，随着一系列支持政策的出台，创新创业所依赖的环境得到了明显改善，企业创新创业也更加具有活力和创造力。大部分创业型企业在创业早期存在着资源有限、资金缺乏、管理经验不足、盈利困难、挑战多等诸多问题，创业的风险性和挑战性依然很高。如何帮助创业型企业盈利、弥补创业型企业的短板和不足、从政策上给予支持、提高创业的成功率依然是政府相关工作的重点。

上述报告数据显示，通过对4004份有效问卷的分析发现，有610家创业型企业的员工增长率为0~30%，占比为15.23%；有518家创业型企业的员工增长率为30%~50%，占比为12.94%；有1108家创业型企业的员工增长率为50%~100%，占比为27.67%；有255家创业型企业的员工增长率为100%以上，占比为6.37%；有1513家创业型企业的员工没有实现增长，占比为37.79%。在这些创业型企业中，超过60%的员工人数呈现显著的增长态势，特别是几个行业中有超过五成的企业员工增长率超过50%，包括文化创意、金融服务、信息技术等行业。目前，创业在扩大就业和提升国民收入水平方面作用显著。对于我国而言，每年的退役军人、高校毕业生、城镇化过程中涌入城市的劳动力、就业困难人员等数量庞大，这些人员转化为人力资源的挑战巨大，同时潜力也巨大。然而，人才供给结构性失衡，就业压力依然很大。提高创业的成功率，一方面要从政府职能转变做起，打造服务型政府，为劳动者服务，急劳动者所急、解劳动者所忧；另一方面要把创业和就业环境打造好，保证公平竞争，实现人尽其才。要让退役军人、失业人员、高校毕业生、农民工等就业主体，在发挥主观能动性的同时，在企业中找到位置、施展才华、锻炼技能、开阔眼界、获得成就。通过创新创业促进稳定就业，让更多人富起来，缩小贫富差距，促进分配的合理化和公平化调整。创新能够带动创业，创业带动就业，通过创业增加劳动者收入，实现良性的自主发展，所以，创业型企业在推动就业、带动就业方面发挥着重要的作用。

从培育经济发展的新动力方面来看，创业型企业的发展也发挥着带头作用。随着我国对环境保护的日益重视，依靠生产要素投入拉动经济增长的模式已经不能够代表未来生产力发展的方向。传统的粗放式发展模式正在逐渐转型，由创新引领经济发展的模式将成为新常态以及未来的发展方向。创业型经济，意味着经济增长方式由粗放式、资源投入式增长转换为资源循环利用、高效利用的模式，创业也将更为规律化、整体化和基础化。"大众创业、万众创新"的创业型增长方式，将由帕累托改进过渡到生产力发展的转化，并完成两个替代：再生型经济替代配置型经济，主体性经济替代要素禀赋经济。在这个过程中，人的主体性获得提升，这也是市场经济改革的基本前提。而提倡创业和培养创业精神则是提升人的主体性的主要途径。"大众创业、万众创新"的倡导和推动，可以有效消除不利于创新创业的各种制度层面、政策层面、执行层面的约束和桎梏，并通过体制的创新、结构性改革、机制的创新，支持和扶植新创立的企业、新研发的产品、新拓展的市场、新开拓的行业、新培育的产业，形成中小企业蒸蒸日上、百舸争流、快速发展，大型企业发挥标杆效应、引领千军的全新发展格局。通过创新驱动实现动力转换，打造"百花齐放"、充满经济活力的新局面。创业型企业有力推动了科学和技术创新，促进了国家科技战略的实施，其中具有自主创新能力的创业型企业，在一定意义上促进了所在行业整体竞争力的提高和技术能力的突破。特别是有些优秀企业，还对整体的市场和行业环境产生颠覆性的作用，有助于推动战略性新兴产业的发展。

政府重视创业型企业的发展，还有促进全面发展、防止垄断的意义。倡导将具有创新意愿和创新能力的人民大众置于经济舞台的中央，通过创业型企业的探索，示范高新技术的开发和应用，促进产业结构调整，加快产业升级。同时，政府也在转变思路，从聚焦于大型企业、明星企业、光环企业，到思考如何帮助中小企业、有潜力的企业，将今天的小企业培育成明天的大企业，提供让群众满意的公共产品，对市场的监管也将更为科学有效。

创新对于创业型企业而言，往往是在企业创立的初期阶段，通过对行业现有产品和技术的超越，或对现有服务的拓展，实现对产品和技术的根本性升级或创造，这种核心能力基本上是企业创立之初就具备的，大部分是颠覆性和独创性的，不是对现有领域的跟随。在创新型经济主导下，中小企业将成为拉动经济增长的新引擎，成为经济发展的新力量。创新创业等创造性活动将更为积极热烈，创新型经济主导下的市场将更为多元化、垄断性更小，同时市场更为活跃、灵敏和富于变化性。开放包容、兼收并蓄，不同领域和不同行业的发展性和延伸性得到进一步拓展，发展空间得到进一步扩大。这样的态势将促使政府进行自我审视和自我调节：审视行政审批的流程和机制，减少繁复的手续，帮助更多创业者走向经济发展的大舞台；审视人才引进机制，帮助更多创业者快速雇用到需要的人才；审视社会保险等保障性机制，帮助创业者解决福利保障方面的顾虑；搭建融资、法律、技术、管理经验分享的平台，帮助创业者解决实际面临的问题，降低创业成本；对市场进行科学、有效的监管，使创业和创新的价值得到彰显等。由此，创新创业有望促进政府转变工作思路、审视和改进对商业活动的管理方式，对经济发展而言具有深远的意义。

创业型企业的全面发展，对于促进和推动不同社会阶层间的流动起到了带动作用，对于实现不同群体间的融合、打造和谐社会意义匪浅。随着社会的快速发展，"马太效应"经常在不同领域中出现，造成资源和财富向少数人倾斜和集中的局面。如果年轻人不用奋斗就可以继承产业，农村学子希望进入城市一展拳脚却受困于各种因素的限制和制约，办事需要靠"关系"和"人脉"，那么长此以往，社会发展必将受到阻滞，公正和公平也无法得到保障，创新和创业活动的动能、积极性和有效性就会下降，经济发展可能丧失活力而成为一潭死水，社会层级之间的流动也会因此受到限制和制约。所以，通过鼓励创新和创业，打破阶层限制，使个体在不同社会群体间可以自由流动，并提供充足的上升通道，给有主观能动性、有成就动机、勇于拼搏、敢于创新的人们构筑公平竞争的平台，给每个人提供展示自我的机会，将公正公平落到实处，才能更好地凝聚、融合和团结不同的社会群体，促进和谐社会的建立。

鼓励创业型企业发展，是挖掘经济发展巨大潜力，激活商业活力和经济活力的有力措施。在现阶段，创业创新的观念还需要进一步面向全社会进行普及，有关创新创业的培训尚需要完善，"创新创业为荣、人人勇于创业、不怕失败、鼓励试错"的氛围和环境尚未形成。推动创业，一方面要推动人们思想的转变，树立"敢挑战、不畏难、不怕失败"的创业精神，塑造创业文化和创业氛围；另一方面要加强以"创造和创新"为重点的创业教育，鼓励和培养不同社会群体的好奇心和探索精神，使"科学技术是第一生产力""想象力比知识和经验更重要"成为新的价值取向和精神追求，并从精神层面延展到行为层面，让创新和创业成为人们的价值引领和行为习惯。

自改革开放以来，我国经济取得了一系列举世瞩目的成绩，得到了空前发展。目前，整体经济取得进一步增长的同时也遇到了新的困境，比如"中等收入陷阱"，突破市场的制度性介入形成的困境，创新匮乏、创业能力不足的工业经济困境，以及外部大环境影响带来的冲击使传统的增长渠道和方式有可能受阻，传统的增长态势可能急转直下。推动并鼓励创新和创业发展，实现经济结构的转型则可以有效应对和摆脱困境。通过创新和创业，实现国民收入的持续增长，通过有序的资源配置和收入分配，避免收入增长陷入停滞；通过创新和创业，保持市场的开放和活力，保障市场调控的自主性与政府调控的协调统一；通过创新和创业，激活创造的活力和动力，避免限于复制和模仿的一潭死水，避免成为来料加工和生产制造的基地而丧失了研发和创造的主动性。所以，创新创造的重要程度不可忽视。

综上所述，鼓励和推动创业型企业的发展，是国民经济发展的重要工作，是促进经济结构转型、转换经济增长动力、挖掘经济发展潜力、推动现有产业升级、促进社会群体间流动、塑造公正公平与正义平等的社会环境的核心和关键，是扩大就业、稳定增长、激发群众智慧、激活人才、全面发展的积极举措。创业型企业在我国经济发展现阶段的重要作用和显著意义也不言而喻。

二、创业型企业面临的乌卡挑战

在现有的企业类型中，创业型企业比重较高，数量较大。同时，创业也是一项高风险活动，失败者多、成功者少，甚至可以用"成三败七""九死一生"来形容。创业型企业生命周期较短、死亡率较高的问题往往也备受关注。以我国企业为例，根据国家工商行政管理总局于 2013 年 7 月发布的《全国内资企业生存时间分析报告》，我国对自 2000 年以来新设立的企业、注吊销企业的生存时间进行了系统、全面的分析。总体而言，大部分 2000 年以来成立的企业较为"年轻"，存续时间在 1 年以下的企业占比为 14.8%，"寿命"在 2 年的企业超过 10%，"寿命"在 3 年的企业超过 10%。截至 2012 年底，我国企业共 1322.54 万户。其中，"寿命"在 5 年以下的企业占企业总量的 49.4%，有 652.77 万户。企业退出市场的高发期发生在企业成立后的 3~7 年，也就是企业生存发展的瓶颈期，而后趋势逐渐趋于平缓。特别是自 2000 年以后，新成立的企业死亡率较高，退出市场的态势呈现出"前高后低，前快后慢"的显著特点，以倒 U 形分布，并呈现不均衡的态势。同时，将近 60% 的企业"寿命"在 5 年以内。"寿命"在 5~10 年的企业达 435.24 万户，占比仅为企业总量的 32.9%。

数据虽然残酷，但是真实。如何活得好、活得久、活得从容、活得稳健，延长创业型企业的生命周期，是组织和管理领域值得关注和研究的问题。而究竟哪些原因会导致创业型公司如此脆弱和早夭呢？这就要从创业型企业面临的乌卡挑战谈起。

企业所处的宏观环境中，最大的挑战和最让人措手不及的首先是不确定性因素。如果借用心理学领域有关压力源的描述来说明，似乎更容易理解：不知道压力何时、何地、以何种方式向人袭来，所以人在面对突如其来的压力时往往容易崩溃。企业也是一样，比如周期性的经济危机、不期而遇的资本寒冬，对于创业型企业来说，经济危机来袭时常常突然遭到打击，融资难上加难、资金链容易断裂。经济危机往往难以预测，影响巨大，破坏力强，可以瞬间席卷全球，令人防不胜防。而中国的资本生态呈现出"资本缺乏耐心，投资的条件往往较为苛刻"的特点，相对于美国等较为成熟的经济体来讲，我国资本生态的成熟度还偏低，资本市场的周期性也不确定，放贷到了一定程度就会缩紧，但往往会矫枉过正。而创业型企业大部分缺少资金，在同样遭遇经济危机或资本寒冬的情况下，相对于成熟企业，创业型企业抵御风险的能力要差得多，很多企业就此一蹶不振，甚至破产。

创业型企业的研发和生产过程也容易受到不确定性的影响，如产品的品牌、设计、制造、市场、销售是一个连续的过程。一个环节出了问题，就有可能导致产品的供应出现问题。而这个过程中的许多因素往往不是企业自身能够控制的。很多创业型企业初创不久，缺乏经验，往往要付出巨大的试错成本。比如，产品是否拥有自己的品牌，品牌的内涵是否清晰、鲜明，是否能区别于其他同类产品，产品的设计是否具有创新性，能否提炼出独特的卖点，产品所面向的消费群体是否与其具有适配性，产品的生产和制造过程是否可控，产品的物料供应如何保证，产品的质量能否保证，产品是自产还是外包，外包产品能否达到质量标准，外包产品能否及时交付，产品从试产到量产的周期能否满足交期，产品的市场策划是企业内部操作还是外包给乙方公司，内部策划市场活动是线上还是线下，线上活动的执行方案有哪些风险，如何控制，线下活动的时间、地点、物料、人员、宣传等如何保障，产品的销售是直销还是代销，线上销售还是线下销售，制造、仓储、物流、销售终端之间如何保障衔接顺畅，产品售后如何达到客户满意，退换货需要哪些环节，售后与品牌端、研发端、产品端、制造端、质量端的沟通机制和协同机制是怎样的，诸如此类的问题，但凡一个环节出现问题，都可能影响用户的产品体验。

创业型企业的人才保留也面临很大的不确定性，存在不小的挑战。随着经济的蓬勃发展，人才市场上优秀人才的流动往往较为频繁，跨地域的人才流动也成为一大趋势。相对于成熟企业丰厚的薪酬、福利以及品牌知名度之类的具有吸引力的一系列因素，创业型企业在现实中往往要讲"情怀"。这就为优秀人才的吸引和保留带来了很大不确定性，优秀人才可能因为相当多的因素离开，比如企业所在地的落户政策、企业的福利待遇、企业内部的晋升机会、管理者的管理风格、企业文化、创始人的人格魅力、通勤时间的长短、企业的激励政策和措施、自身专业与工作岗位的匹配性、企业的整体管理成熟度、与同事之间的相处情况、组织对人才的重视程度、组织公平感、企业的培训和发展机会、员工的家庭因素、员工的身体健康状况、工作压力、出差频率等。人才如果不能保证供应，创业型企业的运营就会受到不同程度的影响。

其次是模糊性因素。大部分创业型企业的初始团队不具备丰富的经营经验和良好的管理能力，创业型团队的优势往往集中于创新能力和研发能力。在企业初创和发展早期，大部分团队是摸着石头过河，对于战略、经营、组织、管理、市场、销售的认知是模糊的、懵懂的、一知半解的，但创业不意味着一切准备完美才开始，机会往往转瞬即逝，创业型企业很多时候是一边干一边学、一边干一边改、一边摸索一边熟悉。认知和经验是随着一场场的商战慢慢摸索和积累出来的，相对于成熟企业丰富的经营经验，创业型企业在进行评估、判断和决策时往往要稚嫩得多，也更容易犯错误，面临的风险和付出的代价就更高。

以往企业做战略规划时往往会从长期着眼，对未来 3~5 年的经济环境做出分析、判断和预测，但进入乌卡时代以来，创业型企业在实际运营中发现，大部分基于长期视角的分析、判断和预测是不准确的，或者说目前的外部环境已经不具备做长期战略预测的充分条件。未来的经济形势对于企业管理者而言，是模糊的、看不清的、似是而非的，而且这是一种常态。比如，关于俄乌冲突，很多外向型创业型企业难以预估其未来的走势对出口的影响，因而无法对中东欧市场做出明确的市场规划和供货计划，只能随时应变，走一步看一步。对应到企业的内部管理中，对于业务部门的绩效考核，是用明确的、具体的销售额作为考核目标，还是用开放的目标与关键成果法（OKR）做引导，均各有短板。如果用明确的、具体的销售额，企业制定出来没多久可能外部环境就发生变化，就要推倒重来，计划永远赶不上变化。如果用OKR，可以一定程度上减轻模糊性带来的影响，但是对于企业控制运营节奏、管控成本、做出阶段性的市场策略及分析和判断又缺乏具有指导性的、可供参考的数据支持，因而可控性弱。对企业而言，模糊性问题也非常棘手。

对于创业型企业而言，很多时候难以判断竞争对手究竟身处何方，以往的商业环境中，竞争几乎都存在于同一个行业，不同竞争对手之间通过同类产品的异质性进行竞争。然而在乌卡时代，竞争对手很可能不是来自同行业，竞争往往来自颠覆性的创新。比如，销售平台型企业原本的核心业务是销售，但通过提升发货体验可能在物流上取得领先，成立了自己的物流公司，取得了压倒性的优势，从而导致物流行业的企业不得不效仿和跟从；教育培训机构公司由于宏观环境变化、政策变化等无法进行校外培训，改行直播带货，却意外获得了更大的关注和流量，获得了压倒性优势，从而引起其他直播带货机构和个体的模仿和学习。不同行业的企业也许一夜之间成为竞争对手。乌卡时代，很多企业犹如驾船夜行在迷雾重重的河流中努力前行却辨不清方向，而竞争格局呈现出以往从未有过的多样化、模糊态势，激烈且颠覆，同时也充满想象力和机遇。

再次是多变性因素，如环境因素。前几年投资机构热衷追逐的是互联网行业，然后是云计算、移动互联网、智能可穿戴等领域，现阶段多是人工智能领域。目前而言，创业项目需要把细分行业做扎实、做深，需要经验，几名大学生构成的创业团队往往对行业的理解有限，这就需要在这个行业里找到最关键的销售人才和从事商务拓展的人才。其中核心要素是渠道资源，在人工智能创业的环境里没有渠道资源是很难获得成功的。这就导致对于创业型企业而言，投资的风口可能一段时间就有一个明显的变化，前一年还被投资机构热捧的企业，可能第二年就无人问津了。原因是什么？风口期过了。同时，创业型企业要面对多变的市场环境、多变的竞争格局，要不断去迎合消费者的口味和需求。趋势是什么？可以想出来的好想法、新创意越来越多，研发与技术的周期会越来越短，产品开发的速度越来越快，有越来越多的产品和技术可以进入市场，但是市场上每个客户的时间有限，在一天 24 小时内不可能不断发现新的产品。这一点使时间变成了一个大的瓶颈口，这个瓶颈口现在和未来都将越来越拥挤。面对类似的结构性挑战，有效的方式就是快速迭代，谁有新的想法、新的技术，就要用最快的速度、最低的成本得到市场的反馈，哪家企业的试错成本更低，哪家企业的成功概率就更高。能够快速迭代，找到产品、市场匹配的创业型企业，就能赢得结构性挑战。

创新的更迭速度也不断加快，发明专利公布后，不再像以往可以保持较长时间的竞争优势，新发明被超越和颠覆的可能性越来越大。市场的营销模式也呈现出日新月异的局面，从传统的线下销售到线上销售，再到线上线下融合式销售，再到直播带货，新的市场和销售手段往往让人目不暇接。

为了应对多变的态势，企业对人才的要求也呈现多变的趋势。比如，企业招募一名市场部的员工，可能看重其在某大公司的工作经历或操盘过经典的市场营销案例，但市场的快速变化导致企业在三年后不再需要某大公司的经验了，转而需要熟悉线上市场营销模式的人才，此时线上平台类的工作经历就尤为可贵，而再三年后，又转变为需要直播带货经验的营销人员。对于企业而言，对人才的技能要求越来越多元和多变。

同样地，为应对多变的外部环境，企业的组织架构也由以往的稳定、常态化的转变为多变、动态调整的。直线职能制调整为矩阵制，矩阵制调整为事业部制，事业部制调整为小组制，小组制调整为阿米巴式，阿米巴式调整为青色组织……企业以往可能五年都不会变更的组织架构在乌卡时代的影响下可能每一年、每半年甚至每个季度都要经历一次调整。由此带来的组织、管理者、员工的重组，团队构建与团队融合，团队凝聚、团队共创等团队层面的变化使企业常常要经历组织的内部裂变。而比组织架构调整影响更剧烈的组织变革也变得频繁起来，同样是应对多变的环境，组织变革往往不再局限于组织架构层面，而是内涵更广，对组织的影响也更全面、更深刻甚至是颠覆性的，如公司业务层面的变革、公司企业文化的变革、公司合并与重组等。

最后是复杂性因素，如创业型企业经常遇到的生存问题。任何一家创业型企业做好的产品，投入市场后大部分都符合罗杰斯创新扩散曲线的轨迹。早期客户都是尝鲜者，后面有一些赶早潮的人使用这种新产品，真正的产品获得大众认可，人们普遍使用起来要好几年甚至更长的时间，这个阶段创业型企业是难以养活自己的。这个阶段融资的能力、活着的能力就是最重要的。很多企业在产品投放市场之后才去反思为什么产品开发的早期阶段没有在商业和社会价值上想得更深、考虑得更充分，可往往这时再回头已经来不及了。再如，对于创业型企业，什么时间进入这个行业也很复杂，时机是最大的成功因素，进入太早或进入太晚都不行。有些先行者因为过早"入场"，结果"死在了沙滩上"，享受回报的反而是后起之秀。比如新冠疫情期间，创业型企业的生存环境雪上加霜，出口受阻、供应链吃紧、现金流危机等一系列问题接踵而来，大部分创业型企业在疫情中非常被动和无助。

另外，当下企业经营的难度也在增加，以往很多企业认为"酒香不怕巷子深"，如今却不一样了。决定企业成功的因素更为复杂和多样化，"酒香也怕巷子深"。只靠单纯的设计、技术或营销如今难以构成企业的决定性优势，往往需要企业将不同能力项进行组合，发挥集成的力量，才能赢得集成的优势。纵向对比如今和以往的企业生命周期不难发现，企业的存续时间越来越短，很多一时风光无限的企业可能没过几年就风光无存。

无论愿不愿意，挑战就在那里。我们正处在这样一个时代——乌卡时代。目前，乌卡时代的挑战对于我国创业型企业而言具有广泛性和普遍性。模糊、不确定、复杂、多变是大部分企业经常遇到的情况，乌卡似乎已经成为常态。中国自改革开放以来，以广大民营企业为代表的国内企业蓬勃发展了四十多年，很大程度上得益于我国稳定的政治、经济和社会环境，我国政府尽一切力量维护政治、经济和社会的稳定、有序与和谐。随着中国的 GDP 不断刷新纪录，对外贸易额的不断增长，中国企业出海的增加，中国企业跨国建立分公司、子公司的趋势明显，我国经济的发展更为开放，同时也更容易受到国际政治、经济和文化环境的影响，波动性和敏感性更强。我国创业型企业如果还是按照以往的惯性和经验前行，可能面对"平地冒惊雷"的现象而手足无措，进而落后于时代，难以继续在乌卡时代再创辉煌。如果我国企业不能掌握主动权、主动求变，后面的日子将会更加艰难。

由此，乌卡时代的挑战很大程度上解释了我国创业型企业生命周期短、容易夭折的现状，如何提升创业型企业韧性、延长这一类企业的生命周期就变得迫在眉睫。再看《全国内资企业生存时间分析报告》，我们也发现了32.9%的创业型企业的生命周期达到五年以上的奥秘，即这些组织韧性较强的创业型企业是如何渡过危机的，这些企业有哪些韧性基因值得我们去挖掘和剖析，值得企业经营者和管理者去借鉴和学习，组织韧性在成功存活的企业中是如何发挥作用的，组织韧性在这些企业中是如何建构的，这些企业是如何在逆境和危机中成长、发展甚至强大的。

危机之中往往包含着机遇。从积极的视角来看，乌卡时代的挑战中既蕴含着产业升级、结构性转型的契机，也包括经济动力的引擎替代、新的技术潮流的孕育、新的行业趋势的苗头、新的商业模式的演进等，这些都为我国创业型企业的蓬勃发展、壮大和存续提供了难得的机遇。作为将知识、技能、技术、资本、管理、创业精神融为一体的新型经济形态，我国创业型企业只要抓住机遇，求新求变，还是有机会也有可能从乌卡时代的各种挑战中胜出的。

三、选取代表性创业型企业进行研究的视角

在众多国内创业型企业当中，如何选取一个有代表性的组织韧性样本进行研究呢？本书研究从以下六个方面进行思考和选择：

第一，国情因素。我国是制造业大国。当前，世界500种主要工业产品中，我国有四成以上产品产量位居世界第一。2021年，我国制造业增加值已达31.4万亿元，占全球比重已接近30%。我国持续保持世界第一制造大国地位。[①]　同时，我们也看到，我国的制造业与发达国家相比还存在较大差距：我国是制造业大国但不是制造业强国，国内企业的研发能力较弱，缺少自主创新，核心关键技术和设备很大程度上依赖国外进口，我国的制造业创新体系还不够完善；中国品牌在世界范围内的知名度还不算太高，中国企业出海还未形成规模。整体而言，我国的产品档次不高，世界知名品牌较为匮乏；我国企业对资源和能源的利用效率较低；产业结构不够合理，信息化水平不高，信息化与工业化融合的深度不足；我国企业全球化的经营能力不足，企业出海遇到的跨文化挑战巨大等。随着德国于2011年提出"工业4.0"，我国企业面临的竞争压力越来越大，同时随着我国人口红利的消失，很多跨国企业逐渐撤离中国，转而将制造重心布局在越南、土耳其等人工成本更低的国家。然而，我们也可以看到，产业升级，从中国制造向中国创造转型，从中国制造向中国智造转型，以及从制造业大国向制造业强国升级几大趋势并行。近年来，我国企业在关键

---

① 《这十年：从中国制造到中国创造，离不开精益求精的价值追求》，网易，https://www.163.com/dy/artide/HIR54ORG0552417D.html，2022年10月4日。

指标上也取得了一些成绩，我国制造业的研发投入强度从 2012 年的 0.85% 增加到 2021 年的 1.54%。以研发为主导的科技型企业发展迅速，我国企业越来越重视自主知识产权，企业申请的发明专利数量连年递增。考虑到上述国情，从大的视角看，选取科技类行业、以研发为主导的先进制造业企业较为契合我国的发展布局，也更具有代表性和典型性。

第二，我国创业型企业所处行业的影响力。行业影响力包括一个行业在经济、社会和文化等方面对于整个社会及其成员的影响力度。通常来说，行业影响力的高低取决于该行业的市场份额、行业规模、行业竞争力、行业创新能力、行业可持续发展性等多种因素。首先，行业影响力的高低与市场份额密切相关。市场份额大的行业通常更容易引起社会的关注和关心，其影响力也会相应提升。例如，互联网行业在过去多年中得到了快速发展，其市场份额也不断扩大，因此其影响力也在逐渐提升。其次，行业的规模也是影响其影响力的重要因素。规模大的行业通常拥有更多的资源和资本，能够更好地引领和影响整个社会。例如，汽车行业在过去几十年中得到了迅猛发展，成为全球经济中的重要组成部分，其影响力也因此得到了进一步提升。最后，行业的可持续发展性和创新能力也是影响其影响力的重要因素。这些因素能够反映出一个行业的未来发展潜力和生命力，对于整个社会的发展也具有重要意义。例如，新能源行业在过去几年中得到了快速发展，其可持续发展性和创新能力也被广泛认可，因此其影响力也在逐渐提升。

我国创业型企业所处的行业如果是传统的成熟行业，其行业规则、市场规律、经营策略、产品策略等体系相对完备，成熟度较高，竞争格局一般也相对稳定，入局者和出局者对于行业的影响力相对较弱，行业内的乌卡挑战可能不是很突出。对于我国创业型企业而言，能够体现组织韧性的方面不多，很多情况下这类企业完全可以学习和模仿已有的行业优秀企业。所以，行业的选择上首选新兴行业，产品方面首选市场上新出现的产品，行业赛道方面首选新赛道相对较为适合。这三个选项的组合更容易体现一家企业的组织韧性发挥的作用。比如，某行业在国内市场是一片空白，近年快速发展，出现了一些新入局者，但是没有一家企业能够占据完全的市场优势或领导地位，行业还没有达到完全竞争的状态，行业的发展充满了多种可能和变数，这样的竞争格局和博弈环境就充满了复杂、不确定、多变和模糊的乌卡时代的特点。观察和跟踪这样的行业就会有更多新的发现，研究素材也更为丰富。行业的选择如果同时包括 ToB 端和 ToC 端往往更有代表性，这样可以从两种视角去看待一个行业在 B 端和 C 端的发展脉络。一般情况下，ToB 和 ToC 两端的发展节奏、发展的难易程度、竞争格局是存在差异的，可以进行横向的比较分析。另外，国家提出的"大众创业、万众创新"的本质是鼓励创业、支持创新，如果选择资源导向型、劳动密集型的国内创业型企业，则难以符合新兴行业的潮流趋势、难以代表未来生产力的发展方向。所以，以创新研发为核心，行业属性贴合未来领域，比如人工智能、新能源、云计算、大数据、物联网、区块链、3D 打印等，则是选择时优先考虑的方向。

第三，我国创业型企业在所处行业中的排名。如果一家创业型企业在行业内籍籍无名，其产品和品牌无人知晓，那么这家创业型企业的案例则不具有典型性。所以，行业排名在一定程度上反映了一家企业的综合实力，包括研发、创新、供应链、生产、市场、品牌、销售、质量、售后、雇主品牌等多方面。一家企业是否具有创新和研发能力，在其产品上体现得最清晰，产品是自研自产的还是代研代产的，产品与同品类产品相比优势如何、劣势如何，产品的核心卖点是什么，产品的用户体验如何，有关产品的专利数量有多少，专利的质量如何等。行业排名靠前的企业，往往其产品、品牌及其他方面的综合影响力都比较强。对于一个新的行业赛道而言，行业竞争往往处于"群雄逐鹿"的阶段，尚未形成"一家独大"或"双龙争霸"的竞争格局，行业排名在前 12 位的企业都是潜力较强的新贵，都具有未来发展上的可期待前景和空间。所以，选择新兴行业中行业排名前 12 位的创业型企业进行观察和跟踪，其发展可以通过行业排名的变化进行纵向的比较分析。

第四，我国创业型企业的规模和组织结构。规模太小的创业型企业组织韧性方面的因素往往体现得不明显，从组织韧性框架模型来看，其战略韧性、资本韧性、关系韧性、领导力韧性、企业文化韧性等方面难以具有代表性和典型性。比如，一家50人以下的创业型企业，战略上有可能是创始人自己进行分析、判断和决策，其组织结构也相对简单，管理难度往往不大，也涉及不到领导力较为复杂的方面，如权变领导等，而关系韧性和企业文化韧性方面则类似于家文化，往往缺少更深层次的挖掘空间和进一步发展延伸的可能。所以，具备一定规模，组织结构具有一定复杂性，价值链条较为全面完整，包括品牌、产品、研发、生产、供应链、质量、市场、销售、客服以及职能部门，而不是核心业务外包，业务范围包括国内市场与海外市场，以研发主导的科技类制造型企业，总人数在500~2000人规模的国内创业型企业作为研究样本较为合适。

第五，我国创业型企业的生命周期。总体而言，我国创业型企业的夭折率较高，为了观察和研究的纵深性，生命周期少于五年的创业型企业将不纳入样本选择范围，这样的创业型企业在组织韧性方面往往缺乏说服力。另外，生命周期超过五年的创业型企业，伴随行业的发展，较为完整地经历了初创期、发展期、成熟期，这样的企业才有一定代表性：一方面，可以纵向比较创业型企业的不同发展阶段组织韧性方面的特点和策略；另一方面，可以深入分析这类企业组织韧性方面的基因。也就是说，一家创业型企业要有丰富的"阅历"和"经历"，要有足够多的"故事"，这样才能够从不同的视角去比较和分析，毕竟企业丰富的经历是获取研究素材的前提，丰富的研究素材是选择研究样本的前提。如果有的创业型企业在初创期就夭折了，则不具备代表性。

第六，我国创业型企业的创始人。我国创业型企业的创始人林林总总、形形色色，其中也不乏连续创业者。相对于第一次创业的创始人，连续创业者的经验更为丰富、更加谙熟市场和经济发展的规律，对组织和管理的认知与理解也更为驾轻就熟，在企业经营中表现往往较为稳健，企业的风险性会一定程度地降低。但想从这个群体身上捕捉创业型企业的特性，如"初生牛犊不怕虎"、愿意冒险、资源少、经验少、摸索前行、百折不挠、可能经历大起大落，更不容易。权衡上述因素后发现，选择年龄在35岁以下、非连续创业者的青年企业创始人将更有代表性。这个群体更有可能犯错误，更有可能不撞南墙不回头，更有可能吃一堑、长一智，更有可能走弯路，经历从青涩到成熟的成长之路。

综合考虑以上六个方面的因素，本书研究依据时间顺序倒推，选择成立至今已满五年，在行业方面能够代表未来发展趋势，属于高科技行业，近年从市场空白到快速发展的制造型企业，以研发和创新为核心竞争力，且组织规模在500~2000人，所处行业属于新兴行业、尚未达到完全竞争状态，行业排名属于前12名，组织和管理上有一定的复杂性，价值链条相对完整齐备，创始人年轻且经验少的企业。经过一系列比较和筛选，本书最终选择了ZM公司作为研究样本。

这是一家成立了五年零四个月的科技型创业企业，是集设计、研发、制造、营销于一体的全球化科技公司。2017年初创成立，ZM公司的使命是成为一家不断探索和成长、世界顶级的科技企业。企业愿景是把尖端科技用于生活普惠，用科技推动人类社会和文明的进步。创始人兼CEO毕业于国内一流大学，本科专业为物理学，由于其对科技的痴迷和对技术的热爱，在校期间即开始思考创业，毕业后正式开启创业之路，为初次创业者，信奉"核心技术是一切的根本"理念，强调在把核心技术做到领先的同时，更要认真打磨每一款产品，将智能科技融入全球消费者生活之中。2021年，创始人兼CEO入选全球最具影响力的商业杂志之一《财富》（中文版）"中国40位40岁以下的商界精英"榜单，同年荣获"2021年度优秀出海领军人物"奖。

ZM公司以研发为核心，其研发体系分为上下两层：下层瞄准稳定根基的技术积累，如高速数字马达、室内场景的机器视觉、语音交互等；上层则设置多个创新研究院，负责基于核心技术、供应链的创新技术，研发创新性的产品。上下两层实现技术共享，线性传承，相互赋能。在高速数字马达、VSLAM 智能算法、流体力学及机器人控制等方面，ZM 公司拥有一系列授权专利并处于世界领先地位。其中，产品的"心脏"高速数字马达和产品的"大脑"智能算法是 ZM 公司的核心竞争力，也是 ZM 公司产品矩阵迭代拓新的核心驱动力。2021 年，ZM 公司获得国家高新技术企业认定。截至 2023 年 10 月，ZM 公司累计专利申请 4190 项，累计专利授权 1443 项，发明专利申请 2013 项，PCT 申请 296 项。ZM 公司专利的年申请量为 600 余项，专利年增长量为 30%。从成立至今，ZM 公司先后获得红点设计大奖、IF 设计奖、CES 创新大奖、IDEA 工业设计奖等一系列有影响力的国际奖项。

ZM 公司所处的行业属于智能机器人行业，行业细分则属于自清洁机器人行业，其主营产品为扫地机器人，创新产品为智能机器狗和人形机器人，从大的范围看属于人工智能领域，是近几年国内蓬勃兴起的新行业赛道。自清洁机器人行业的扫地机器人产品近几年成为中国家庭中一个全新的消费品类，伴随影响全球的新冠疫情的肆虐和"懒人经济"的兴起逐渐成为家用电器中的火爆新贵。这个行业的竞争格局尚是一片"蓝海"，并没有达到完全充分的竞争，入局的企业很多，不乏智能机器人领域的新成立企业、传统行业内部孵化的智能机器人新业务、部分企业转型期的新选择。该行业竞争者在 2020 年之前数量较少，2020 年起行业获得快速增长。ZM 公司 2017 年即进入该行业，属于早期的入局者。

ZM 公司的产品覆盖了中国、韩国、德国、美国、波兰、法国、俄罗斯等 100 多个国家和地区，分别有 ToB 端和 ToC 端销售渠道、线上和线下销售渠道。价值链条完备，拥有自主研发、品牌、生产、市场、销售、供应链、质检等部门。ZM 公司拥有员工 1800 余人，其中研发人员人数占比超过 70%，该公司品牌已在行业内取得一定知名度，其产品在主要电商平台均有销售。ZM 公司的产品在短短 3 年内跻身行业排名前 8 之列，由于持续的快速发展和行业知名度的不断攀升，ZM 公司于 2021 年下半年获得多家投资机构的青睐，获得 36 亿元人民币的融资。关于 ZM 公司的商业报道常见于各类媒体报端。ZM 公司成为人工智能领域声名远播的"黑马"。从组织发展阶段来看，ZM 公司已经迈过初创期、发展期，现阶段正在逐渐步入成熟期。ZM 公司的研发中心设在上海和北京，营销中心设在北京，深圳为供应链中心，制造中心和质量中心位于苏州，各地办公区均有职能部门分布。由于产品的多样化、地域分布的分散化、营销和销售的跨国化、研产销的一体化，ZM 公司在组织和管理上具有较高的复杂性和挑战性。

ZM 公司的企业文化自创立至今经历过一系列动荡、冲击和变化，呈现出创业型企业文化的典型特征：从早期简单、高效、具备较强的团队凝聚力，以研发和创新为核心，崇尚科技、崇拜技术精英，到快速扩张和发展期企业文化备受挑战，管理者的话语权逐渐增加，市场和营销部门的话语权逐渐增加，组织中的等级观念较以往有所凸显，企业文化面临震荡和重塑，需要进一步适应金字塔式组织结构，再到组织发展的成熟期形成相对固定的企业文化模式和惯例。

同时，ZM 公司在不同发展时期所经历的乌卡挑战较为典型，其组织韧性较有说服力和代表性。ZM 公司成立以来，所处的外部环境经历了中美贸易摩擦、新冠疫情、俄乌冲突、国内拉闸限电等乌卡挑战，也经历了所处的自清洁机器人行业从一片"蓝海"到"红海"的转变和竞争态势日益严峻的挑战；ZM 公司的内部环境则经历了短期快速扩张引发的组织和管理的一系列困局与一段时期内员工离职率陡增的内部动荡，经营发展备受挑战。

综上所述，ZM 公司在近几年的国内创业型企业发展群像中较为突出，是近几年国内创业型企业发展的一个缩影，在国内创业型企业整体的发展脉络中具有典型的画像意义。ZM 公司综合了年轻创始人、初次创业、科技行业、人工智能领域、新兴赛道、快速发展、自主创新、中国企业出海、跨地域、跨文化、企业动荡、组织变革等多样化的元素，是值得深入研究的范本。

第二节　研究意义

一、丰富了组织韧性在组织管理领域的研究

面对乌卡时代的挑战，很多国内企业的习惯性应对方式还是危机管理、领导力提升、内部创新、借用外部资源如乙方咨询顾问等传统的视角和手段，大部分是被动应对，一事一议，遇到一个问题解决一个问题，企业的着眼点往往局限于单点，要么聚焦在领导力上，要么聚焦在创新上，并没有系统性、框架性地应对乌卡时代的挑战。应对挑战后也很少复盘，很少总结经验，很多时候企业是"摸着石头过河"。相对于危机管理、创新管理、领导力提升等相对成熟的理论，组织韧性理论对于很多中国企业和管理者而言比较新，企业在管理实践中应用得并不多。所以，丰富组织韧性理论的研究范围、扩展组织韧性理论的研究边界就显得较为适宜且具有现实意义。本书研究聚焦于我国创业型企业，在组织韧性理论本土化应用、组织韧性在创业型企业中的构建、组织韧性的演化发展、企业组织韧性基因的挖掘和探索方面做了一系列的研究，是一种新的探索和尝试。

二、拓展了国内企业构建组织韧性的思路

对管理而言，好的理论往往具有普适性、实用性和广泛价值。组织韧性理论最早由国外学者提出，一直以来，关于组织韧性理论的论述也多针对和适用于西方的经济和社会环境，对于组织韧性理论在中国企业特别是创业型企业中应用的案例，并不多见。对于我国很多企业而言，组织韧性是管理实践中一个新的课题和方向。如何将组织韧性理论在企业实践中落地，如何构筑我国企业

特别是创业型企业自身的组织韧性，可供参考的资料、可供借鉴的实例也不多。一些企业将重点聚焦在个人的心理韧性上，比如对员工培训，提升员工的心理韧性，或者招聘心理韧性较强的员工入职。一些国内企业的组织韧性建设"三天打鱼，两天晒网"，遇到危机和挑战时就把组织韧性的建设置于重要位置，而危机过去了就将其束之高阁，没有持续性地关注和迭代组织韧性的建设，导致组织韧性的建设在很多企业里成为了静态事件，难以发挥组织韧性应有的作用。本书研究通过对样本企业 ZM 公司五年的纵向跟踪，展示了这家公司组织韧性从 0 到 1 建立的全过程，揭示了 ZM 公司组织韧性的演化历程和发展趋势，为我国创业型企业构建组织韧性体系拓展了思路，提供了借鉴。

现实层面的意义体现在以下两个方面。

三、研究结果可指导国内企业认识组织韧性的重要性

面对同样的乌卡时代挑战，不同企业的应对可能完全不同，表现出截然不同的组织韧性，这在一定程度上决定了企业的未来发展。组织韧性在现阶段已不仅仅是一个新的理论，而是我国企业需要建设且应当具备的能力。越早建设企业自身的组织韧性体系，企业将越早受益，企业在面对危机时也会更加从容和稳健。对于抗风险能力和抗压能力偏弱的国内创业型企业更是如此。本书研究通过对样本企业 ZM 公司不同时期的内外部环境和乌卡时代的挑战进行分析，对 ZM 公司的组织韧性的案例和片段进行还原，验证了组织韧性在我国企业管理实践中发挥的重要作用，可以指导我国企业特别是创业型企业认识组织韧性的重要性。

四、研究结果可为我国企业特别是创业型企业提高组织韧性水平和成熟度提供思路和借鉴

创业型企业如果能在乌卡时代的各种挑战中存活下来，说明其内部的组织韧性是足够强大的，足以应对变幻莫测的时代和环境。这一类企业，往往在创业初期的战略重点是如何在激烈竞争中存活，关注点集中在营收、投资回报率、毛利率、净利率、成本、现金流等核心财务指标上，企业决策层往往不会把关注的重点放到与财务指标关系不大的组织、管理和企业文化上，更不太可能把战略资源倾向于与经营不直接相关的方面。如果不是创业型企业自身的组织韧性有一定的优势"基因"，那么其连生存和发展都成问题。所以，有必要去挖掘这些优势"基因"，探索如何提高组织韧性，发现在企业发展的不同阶段组织韧性提升的方向、侧重点、措施、盲点和经验等，本书研究也通过具体案例进行了分析和总结。这些内容可以为我国企业特别是创业型企业提供思路和借鉴，为这些企业提高组织韧性水平和组织韧性成熟度提供帮助。这些企业不仅包括大量的中型企业、小型企业、小微企业，还包括成熟企业，因为组织韧性的构成要素是具有普适性的，是不区分企业规模和企业类型的。这是组织韧性理论在创业型企业的应用价值。

第三节　研究目的

在乌卡时代国内创业型企业生存和发展遭遇日益严峻挑战的大背景下，结合不同的企业在乌卡挑战中表现出的截然不同的组织韧性水平和成熟度的现实，针对国内创业型企业在管理实践中应用组织韧性理论较少、相关素材和资料较少的现状，本书进行了组织韧性案例方面的研究。

首先，探索我国创业型企业运用组织韧性理论和组织韧性框架模型进行组织韧性管理、应对乌卡时代各种挑战的可能性和可行性。

其次，结合样本企业 ZM 公司的多个组织韧性案例，发掘以 ZM 公司为代表的我国创业型企业组织韧性的特点和基因。

再次，通过纵向研究跟踪样本企业 ZM 公司组织韧性的演化历程和发展变迁，探索组织韧性理论和组织韧性框架模型在我国创业型企业管理实践中的内涵和价值。

最后，尝试总结我国创业型企业在管理实践中运用组织韧性理论和组织韧性框架模型的经验。

第四节 研究内容

本书的研究内容一共分为五章，简要内容如下：

第一章为绪论。本章分别对本书的研究背景、研究意义、研究目的、研究内容、研究方法和研究创新进行简述。

研究背景方面，阐述我国创业型企业的重要性和这类企业对于我国经济发展的重要意义，分析我国创业型企业面临的乌卡时代的挑战，明确在现有创业型企业中选取组织韧性研究样本的视角和条件，以及选取现有研究样本ZM公司的依据。

研究意义方面，分为理论和现实两个层面。在理论层面，本书内容丰富了组织韧性在组织管理领域的研究，拓展了我国企业构建组织韧性的思路。在现实层面，本书研究结果可以指导我国企业认识组织韧性的重要性，可以为我国企业特别是创业型企业提高组织韧性水平和成熟度提供思路和借鉴。

研究目的方面，本书研究探索了我国创业型企业运用组织韧性理论和组织韧性框架模型进行组织韧性管理、应对乌卡时代各种挑战的可能性和可行性；结合样本企业ZM公司的多个组织韧性案例，发掘我国创业型企业组织韧性的特点和基因；通过纵向研究跟踪样本企业ZM公司组织韧性的演变历程和发展变迁，探索组织韧性理论和组织韧性框架模型在企业管理实践中的内涵和价值；总结我国创业型企业在管理实践中运用组织韧性理论和组织韧性框架模型的经验。

研究方法方面，本书研究采用文献法、案例法、访谈法和比较法对样本企业 ZM 公司的组织韧性进行分析。从理论和实践相结合的角度，纵向分析比较的角度，案例与访谈结合的角度进行研究，多层次、多视角地剖析乌卡时代各种挑战下我国创业型企业的组织韧性现状、组织韧性建设、组织韧性的演化过程以及组织韧性的水平和成熟度。

研究创新方面，本书研究创新性地将乌卡时代、组织韧性和我国创业型企业三者结合起来进行研究，并尝试对我国创业型企业组织韧性的基因和特点进行归纳和总结，弥补了组织韧性理论本土化应用和实践研究方面的不足。同时，本书研究对组织韧性的纵向研究进行了有益补充，并对我国企业应用组织韧性理论和组织韧性框架模型的经验进行了总结。

第二章为相关理论。本章分别对乌卡相关理论、组织韧性相关理论和创业型企业相关理论与本书研究相关的部分进行搜集、研读、梳理和简述，有所侧重地梳理了理论发展的脉络，发掘理论的贡献和价值，分析理论待完善的部分，为后续的研究开展和分析提供理论支持。

第三章为 ZM 公司组织韧性管理现状。本章主要回顾样本企业 ZM 公司自创立至今不同发展阶段所面临的乌卡时代各种挑战，ZM 公司组织韧性的演化发展和进阶历程，以及每个韧性阶段的特点、策略和实践，通过典型的企业经营场景的还原，如经营会议、战略会议、战略对话、调研、方案、计划、措施等场景，展现 ZM 公司组织韧性管理的现状。

第四章为 ZM 公司组织韧性管理分析。本章结合组织韧性理论和相关管理学理论、心理学理论，解剖样本企业 ZM 公司典型场景中组织韧性发展变化的原因和本质，分析 ZM 公司在不同发展阶段组织韧性的动态演化过程，其组织韧性框架模型的内涵和价值，以及其组织韧性的优势与不足，挖掘以 ZM 公司为代表的我国创业型企业的韧性基因，并立足于当下，结合未来组织、未来员工、未来行业，对 ZM 公司未来的组织韧性演化进行了展望和预测。

第五章为研究结论与建议。本章总结本书的研究结论，归纳发现和启示，找到盲点和不足，就乌卡时代国内创业型企业组织韧性的主题分别对组织中的员工、组织和政府提出建设性的建议，并对未来的相关研究进行展望。

第五节　研究方法

一、文献法

本书通过对乌卡相关理论、组织韧性相关理论、创业型企业相关理论的梳理和研究，追溯几种理论的发展脉络，发现理论层面的价值，同时进行跨文化思考，以现有的理论为指导，结合国内创业型企业的实际情况，勾勒本书研究的结构。

二、案例法

本书研究对样本企业 ZM 公司在组织韧性方面的典型案例和真实场景进行还原，通过典型的商业场景如战略会议、战略对话、经营会议、部门会议、各类方案、调研、计划、措施等场景的还原，全方位展现 ZM 公司的组织韧性剖面，包括企业的年度战略规划会、企业的半年度战略复盘会、企业的产品立项会、企业的经营月度会、企业的营销沟通会、企业中不同品牌的产品项目会、企业的产品发布会、企业的年会等，为本书研究和基于研究展开的分析提供充分的素材和线索。

三、访谈法

本书研究通过对企业各级管理者、员工的一系列访谈，立体呈现组织韧性案例中的多元视角，还原经营者、管理者和员工的内心活动和思考逻辑，树立典型的角色画像，丰富组织韧性研究的素材。这些访谈包括针对各级中高层管理者的抽样访谈；针对转正期管理者和员工的访谈；针对离职管理者和员工的访谈；针对重要企业运营项目团队的访谈；针对管理者和员工的有关企业文化方面的访谈；针对企业中不同品牌的产品负责人的访谈；针对关键职能部门的负责人的访谈，如企业知识产权部门的负责人、企业人力资源管理部门的负责人、企业财务部门的负责人、企业法务部门的负责人的访谈等。以上为本书研究和基于研究展开的分析提供依据和线索。

四、比较法

本书研究通过纵向比较样本企业 ZM 公司不同发展阶段的组织韧性素材和资料，研究 ZM 公司组织韧性的发展和演化历程；通过横向比较 ZM 公司不同区域、不同部门、不同项目、不同群体的组织韧性素材和资料，挖掘 ZM 公司组织韧性的基因和特点。

第六节　研究创新

第一，本书研究弥补了组织韧性理论本土化应用和实践研究方面的不足。关于组织韧性的研究多以成熟经济体和发达国家为研究对象，对新兴经济体和发展中国家涉猎不足，关注度不够。组织韧性在国内应用和实践的研究比较少，相关的素材和资料并不多见。本书研究立足我国创业型企业的管理实践，通过文献法、案例法、访谈法、比较法，丰富了组织韧性在我国企业应用层面的案例和素材。

第二，本书研究尝试对我国创业型企业组织韧性的基因和特点进行归纳和总结。不同的企业在乌卡挑战中表现出了截然不同的组织韧性。现有研究对于我国企业特别是创业型企业组织韧性的特点研究比较少，更多将研究视角集中于成熟企业和大型企业。本书研究将我国企业群体中占比较高、数量较多的创业型企业作为研究范本，尝试通过长期跟踪和纵向研究，分析样本企业 ZM 公司应对不同时期的乌卡挑战时表现出的组织韧性，对我国创业型企业的组织韧性基因和特点进行归纳和总结。

第三，本书研究尝试将乌卡时代、组织韧性和创业型企业三者结合起来进行研究。现有研究多见于对三者分别进行独立研究或两两结合研究。本书研究将三者结合在一起进行分析，力求通过探索性的研究，帮助具有广泛代表性的企业主体（我国创业型企业）在与以往截然不同的时代（乌卡时代）背景下解决急需解决的管理问题（构建组织韧性以获得可持续发展）。

第四，本书研究对组织韧性的纵向研究进行了有益补充。在现有研究中，多见组织韧性在不同企业之间的横向比较研究，而对企业进行纵向研究特别是长期的跟踪研究将有助于弥补这方面的不足。本书研究从组织韧性动态发展的特征出发，通过五年的纵向跟踪研究，还原了样本企业 ZM 公司不同发展阶段组织韧性的特点，揭示了 ZM 公司组织韧性的演变历程和发展变化，并结合组织韧性不同阶段的典型案例，勾勒了一个点线面动态结合、生动鲜活的组织韧性立体画像。

第五，本书研究尝试对我国创业型企业应用组织韧性理论的经验进行总结。例如，组织韧性如何在我国创业型企业中进行构建，我国创业型企业在不同的组织发展阶段构建组织韧性的关注重点，我国企业管理者对组织韧性可能存在的认知误区，组织韧性如何与个体韧性进行有机结合，组织韧性与其他管理理论和心理学理论的搭配使用等。

第二章　相关理论

第一节　乌卡相关理论

一、乌卡的定义和特点

最早捕捉到乌卡趋势的是美国人，斯坦利·麦克里斯特尔等其在著作《赋能》中阐述了这种源于美军特种部队的军事用语。乌卡指的在是"冷战"结束后的多边世界中，世界的特征比以往任何时候都更加模糊、不确定和复杂。自 20 世纪 90 年代开始"乌卡"被普遍使用。在 2008 年国际金融危机爆发后，"乌卡"一词的使用变得更为频繁，再度兴起。

乌卡（VUCA）代表着"Volatility"（易变性），"Uncertainty"（不确定性），"Complexity"（复杂性），"Ambiguity"（模糊性）。

V 表示"Volatility"（易变性），由变化驱使和催化产生，可以理解为变化的本质和动力。

U 表示"Uncertainty"（不确定性），指的是难以预测，缺乏对意外的预期和对事情的认知和理解。

C 表示"Complexity"（复杂性），指的是组织为各种变化、各种因素和力量所影响和困扰。

A 表示"Ambiguity"（模糊性），指的是误解的根源，看不到事实真相，各种相关、因果关系的混杂导致对现实的模糊。

这些因素导致很多组织在规划未来和预测远景时存在着一定程度的障碍，或者组织不具备规划和预测的充分必要条件，或者在规划和预测过程中准确性降低，导致规划或预测的部分失效。

自 20 世纪 90 年代以来，乌卡开始被普遍使用。随后，在经济、政治、教育等的营利组织与非营利组织中被广泛应用，特别在战略领域使用较多。

二、乌卡的内涵

"黑天鹅""灰犀牛""蝴蝶效应"等术语在近年出现的频率逐渐增多，这些术语多用于描述具备乌卡特质的事件、危机和现象。比如，"蝴蝶效应"，指的是在一个动力系统中，初始条件下微小的变化能带动整个系统的巨大的、长期的连锁反应。"蝴蝶效应"是典型的混沌现象，说明了任何事物发展均存在定数与变数，一个微小的变化能影响事物的发展，证实了事物的发展具有复杂性。初始条件十分微小的变化经过不断放大，对其未来状态会造成极其巨大的差别。而有些小事可以忽略，而有些小事如果经系统放大，则对一个组织、一个国家可能产生不能忽略的影响。"黑天鹅"事件指非常难以预测且不寻常的事件，通常会引起一系列连锁负面反应甚至产生颠覆。"灰犀牛"是与"黑天鹅"相互补足的概念，"灰犀牛"事件是太过于常见以致人们习以为常、容易忽视、可能酿成大危机的事件，"黑天鹅"事件则是非常少见的、让人感到意外的事件。而乌卡在一定程度上增加了这些事件发生的概率。

具体而言，乌卡中的"V"代表着波动。波动即动荡，这一现象比过去更频繁地发生。它意味着大小、速度、体积和性质的变化经常是一个不可预测模式，如金融季度的动荡。金融动荡与过去相比持续时间和发生强度都有所增加。全球竞争加剧、贸易自由化与数字化、通达性加大和商业模式的创新等也在促进金融动荡的发生。"U"意味着不确定性，或对于问题和事件缺乏可预测性。这些动荡使管理者很难利用过去的问题和事件来预测未来的结果，这使预测变得极为困难，决策也因此充满了挑战性。"C"指复杂性。即过去预测的缺乏与增多的动荡变化使决策的难度增加。复杂性会导致进一步的混乱，从而连带引起模糊性。典型的描述是：在组织的内部和外部，一个问题可能经常会包含很多难以理解的产生原因和缓和因素。"A"所指的模糊性意味着针对一件事没有明确的含义，或者事件和事情背后涵盖的事情、地点、人物、发生原因以及发生过程都不甚清楚、不好确定。有的学者认为，组织模糊的状态是一种令人沮丧的结果，常意味着独立的成就加起来并不等于一个整体的、持久的成功。总之，乌卡在日益全球化的背景下加剧了社会整体以及独立事件的脆弱性。

三、乌卡时代视角下组织管理的应对原则

乌卡趋势逐渐显性化的今天，对于组织和管理者而言，应对各种挑战是一个难以回避的问题。组织和管理者由于缺乏相关的经验和积累，所面临的挑战巨大。既往的理论和实践很难支持组织在乌卡时代的各种挑战下获得继续的、良性的发展。创新迫在眉睫、势在必行。虽然我国企业自改革开放以来在组织和管理领域经过不断探索和实践已经取得了一定的成就，积累了不少的经验，也涌现了一批将理论积极应用于实践的先行者和探索者，但是在组织和管理领域，主流的思想体系还是以西方为主，以强调解构、逻辑、模型、方法论为主要特征。对于中国文化背景下和社会活动中典型的体系性、整体性，讲求整体、协调、适应、联系、发展的特征，以及对柔性的关注强于对刚性的关注、对隐性的关注、对内涵的关注、强调对话和沟通的特征，深入研究的较少。很难用西方理论的精髓构建具有中国文化意境、中国哲学意境的组织和管理体系。比如，我国企业在管理实践中更习惯于采用整体、一体化的视角，而不过于强调逻辑和层次；更习惯于灵活变通，与问题共存、和谐共生，而不是强调对错，不是单纯地消灭问题；更习惯于阴阳平衡、和谐共处，而不是泾渭分明、区分你我；更注重隐性层面的意义，而不是显性层面的意义；对于争端的解决，更倡导沟通和对话等柔和的方式，而不是通过仲裁、诉讼等刚性的措施。

多变、不确定、复杂、模糊的乌卡情境意味着既定的组织和管理模式在很大程度上可能不再持续有效，组织作为一个生态或系统，需要更为开放和包容，更加具有弹性和能够自我调整，在与外部环境和内部环境的互动中要通过不间断地调试，达到和谐共存的状态。这也意味着组织既要保持与外部环境的协调，也要保持与内部环境的协调，达到内部环境和外部环境的匹配。这也是组织的一种相互依存的适应性行为。外部环境与内部环境的平衡与协调是组织生存的前提。相对而言，与外部环境的适应是首要的、关键的，因为外部环境在乌卡时代对组织的影响更为强烈、冲击性更强，在一定程度上决定着组织的生死存亡，而内部环境的影响较为隐性、渐变和缓慢。组织要注意内部环境与外部环境适应的统一，在组织和管理实践中做好协同。

应对乌卡时代的各种挑战，除了遵循与内外部环境相适应的原则，还需要秉承组织效率最大化的原则，即不能忽视商业组织运营的基本规律。如果组织仅仅达到了与内部环境和外部环境的适应，而组织效能降低，使组织难以实现可持续发展，也是顾此失彼、失之偏颇的。也就是说，组织适应外部环境和内部环境不是真正目的，适应内部环境和外部环境以应对危机和挑战，提升组织能力，达到组织效能的最大化，实现组织的可持续发展才是根本目的。在这个过程中，组织通过与内外部环境的互动，通过有针对性的策略和方法，使组织能力在应对各种挑战中得到提升，打造组织自身的"免疫力"，并反过来对内部环境和外部环境产生影响，对环境进行进一步塑造，组织的体系、制度、流程在这个过程中也得到了调整和优化，组织的功能和结构得到了更新和迭代。所以，组织在这个适应和协调的过程中是开放与独立并存的状态，存在柔性与刚性、内部与外部、作用与反作用等多层次、多角度的调试，以达到组织的最佳状态。

四、乌卡时代视角下组织管理的实践准则

一家企业作为商业组织，要适应乌卡时代的各种挑战，必定要在经营理念和管理理念方面有所调整或创新。与传统组织相比，有哪些组织管理的准则是适应乌卡时代的，可以作为参考呢？具体而言，适应性是企业在乌卡时代的各种挑战下，组织管理方面首先要具备的能力，包括对内部环境和对外部环境的适应。从人类发展和组织发展的角度看，适应力是前提。以组织管理的适应性原则为核心，探索出以下三条实践准则可以在企业组织和管理中作为可操作性指导。以促进组织通过社会学习、履行社会责任等方式达到组织与内外部环境的交互适应，通过促进组织的共享、共生等，实现组织的开放合作与独立自主之间的平衡，达到组织边界的弹性适应；通过动态的目标管理、战略管理和领导力的权变管理等，实现组织运营的高效适应，促进组织柔性发挥更大的作用，使组织在复杂的乌卡挑战中保持一定灵活性和柔韧度，以提高组织的整体组织韧性水平。

准则一：共益准则。

在组织管理实践中，共益准则指的是组织出于获取更多组织合法性的需要，自愿履行更多的社会义务，承担更多的社会责任。这些义务和责任是在现有组织制度体系明确和规定的组织行为以外所负担的，往往是非商业行为。具体而言，企业可以通过挖掘一定的社会资源、履行一定的社会责任等提升组织行为的合法性，这些行为往往通过组织中的战略、企业文化、制度、流程等机制实现。在这个过程中，组织适应环境的能力得到提升，乌卡时代带给企业的各种挑战和压力得到了一定程度的缓解。

准则二：共生准则。

它指的是组织生态逐渐网络化、无边界以后，组织内部需要更多的弹性、更加开放，组织要与周边环境形成价值共同体。例如，关于"粉丝"与"开源"，企业的消费者由于喜爱企业的产品而频繁使用，在使用产品过程中对品牌和产品产生忠诚度，由忠诚度角度出发，对产品提出各种合理化建议和用户反馈，以期产品不断迭代和优化，达到最佳状态，进而优化和升级消费者对产品的体验。在这个过程中，部分忠诚度较高的"粉丝"不再只是消费者，而是扮演了产品开发者或产品经理（不是正式雇员）的角色，角色出现了多元化，并且消费者由于有多重身份因此可以与组织的正式成员一起实现对产品的迭代和优化。"粉丝"由于自发的贡献还可能获得组织的各种回馈，如免费试用企业的新产品，获得企业的赠品，参加企业文化活动，参加企业的开放日活动等，甚至成为组织的正式员工。"开源"就更加广泛了，技术爱好者可以在开源系统中对程序进行修补和开发，产品不再是组织的独立产出，更可能由很多素不相识的"发烧友"共同完成，实现功能迭代。类似这样的方式打破了消费者与企业员工的界限，实现了爱好者与原创者之间的共创，缩短了产品的开发周期，拓宽了产品设计的边界，丰富了产品设计的视角，有力地提升了组织效能。这在一定程度上解决了传统金字塔式组织架构职责和边界过于明确和清晰、部门本位主义、组织应变能力弱、组织刚性有余却弹性不足的问题，是消除僵化的管理桎梏、淡化组织边界的一类有效方式。共生准则使组织的价值链可以延伸到组织以外，优化了资源配置，使组织能够在合作中实现价值增值，使组织可以海纳百川、兼容并蓄，开拓了组织的视野。同时，共生准则也一定程度上改变了竞争的博弈格局，弱化了矛盾。在一个共生的世界里，没有永远的朋友，也没有永远的敌人。竞争对手可能在某个时刻成为合作伙伴，也可能合作应对同一个竞争对手。所有的组织和个体都是潜在的合作伙伴。这些也为企业发展寻找新的契机和思路开拓了局面，丰富了有关组织的想象力。

准则三：柔性准则。

如同很多企业逐渐放弃了动辄长达 3~5 年的长期战略规划转而专注于短期战略规划一样，职责清晰、阶层明确、制度规范、讲究理性逻辑、缺乏变通甚至僵化的科层制组织在应对乌卡时代的各种挑战时已经越来越吃力，越来越缺少弹性。组织需要更加柔性和灵活，学会应变和权变，如基于情境化视角去做动态调整。柔性准则指的是以常规方案保障组织的日常运行，以备选方案应对环境的动态变化。对于企业而言，柔性原则意味着所需要的组织能力必须升级。一个强调刚性、规则、服从、执行的组织是很难适应乌卡时代的。刚柔并济成了组织需要具备的一种能力。组织更需要从更长远的视角出发，保障其可持续发展，需要不断调整管理方法和策略，以更好地适应内部和外部环境，进而提升组织效率。组织唯一不变的就是变化，在变化中找到自己的脉络和节奏，找到自己的适应方式，方能在组织生态中游刃有余。

五、适应乌卡时代的组织特征

在明确了乌卡时代组织管理的实践准则之后，依据实践准则，构建适应乌卡时代的组织就有了方向和依托。有的学者认为，对于企业而言，今天面临的最大挑战是"如何在混乱和动荡中持续保持竞争力"。这似乎也说出了很多企业经营者和管理者的心声。具体而言，什么样的组织更能够适应乌卡时代的各种挑战呢？2013 年，罗兰·贝格管理咨询公司前 CEO 常博逸编著的《轻足迹管理》一书正式发布。常博逸认为，在这样的新环境下，传统管理模式越来越无力，军队和中国民企是适应这个动荡无常、复杂模糊的世界的先行者，并提出轻足迹组织是乌卡世界里的生存之道，还具体勾勒了轻足迹组织的画像。

特征一：愿景指导。轻足迹组织的领导者通过组织愿景、使命等具有长期意义的方向性纲领实现对组织的战略引领，组织不再只是商业化团体，而是一种以产品或品牌为核心的人格化体现。例如，苹果公司的审美格调为典型的化繁为简，并将之上升为一套审美哲学。

特征二：模块化。轻足迹组织更像是一个可以拼插的积木组合，组织的功能模块可以自我治理、自我修复。轻足迹组织推崇低干涉管理，推崇顾问风格的管理者。如同邓巴数定律认为150人以下的团队几乎不需要管理一样，轻足迹组织淡化一些形式的管理，通过模块化把组织的功能单位最小化，推崇模块自治，并力图实现组织效能的最大化。

特征三：阴阳平衡、合作无间。大部分商业组织是以获取利益为终极目的的，各种组织形态的衍生都服务于这个目的。而轻足迹组织则摒弃了刻板的、刚性的条条框框，弹性灵活，在变化和调整中取得平衡。比如，轻足迹组织不拘泥于尽职调查、背景调查，而是从一开始便选择相信初次合作的伙伴；能够发现商机，与合作伙伴快速达成合作。同时，轻足迹组织拥有洞察力，如果发现合作中商业伙伴存在不诚信的行为，则会立即取消合作。合作无间意味着通过牺牲利益来保障诚信。

特征四：无人化、善用数字。无人化和数字化是未来组织进化的方向。人工智能把很多复杂的工作承担起来，如今这个趋势已经越来越明显。很多制造业企业拥有了"黑灯工厂"，在生产线上再也看不到忙碌的工人而由工业机器人唱主角。这种工厂可以24小时开工，生产线的一切都由机器人操作和控制。人类在未来组织中可能扮演协调统筹以及更需要发挥情感优势和感性特质的角色。而算法、大数据等技术则可以帮助人类进行更好的判断和决策，提高判断和决策的准确率及有效性。

特征五：动态变化。在乌卡时代的各种挑战中，大部分组织很难稳定地保持静态发展，任何组织都需要更加灵动和弹性，以及更好的适应性。组织的经营者和管理者则需要敏锐洞察各种变化，与其保持同步动态变化，这样才能使组织具备应对和适应的能力。

特征六：新自然、变轻盈。组织的演化类似于人类的进化，会长期保有使组织保持优势的部分，淘汰掉不适应环境的部分，在自然选择中与环境和谐共存。同时，在乌卡时代的各种挑战中，组织难有可以借鉴的经验和案例，难以期待用制胜法宝一招制敌。或者说，传统的、固有的经验也未必有效，更不存在一劳永逸的做法能够使组织永远保持竞争优势。如同船小好调头一样，使组织生态变得轻盈，保持警觉，快速应对，将是更适应时代的选择。这也是组织的经营者、管理者需要特别注意的。因为很长一段时间以来，组织的竞争优势来自资源和规模的集中，大型组织、集团型组织、资源集中型组织更具有竞争力，而不是轻盈的组织、规模更小的组织。很显然，在乌卡时代，类似的观念需要调整。

特征七：精确和战略。轻足迹组织摒弃了长期战略规划后，用什么来指导组织的发展呢？那就是，类似于特种部队的制式，当组织在获得行动指令后，充分放权，由各个模块自主化制订和实施计划，并采用高精度的快速行动来实现战略目标。

基于以上有关轻足迹组织的画像，常博逸和郑晓芳（2014）又提出了针对轻足迹组织管理的四个特征。

特征一：既集权又分权。传统观念认为，领导力是上级赋予的一种光荣，一种权力的象征，而不仅仅意味着一个职位或者一个头衔。类似于金字塔式组织中，中高层管理者似乎或多或少都具有一种无形的优越感。但这种认知在轻足迹组织中不适用。在轻足迹组织中，最重大的决策是由最高层管理者做出的，而最重大决策之下的各种决策则是由基层的团队、基层的人员、一线的人员做出的。领导者在决策方面秉承"抓大放小"的原则，而并不是传统组织角色中的独裁者。即使是最高层管理者，在做决策之前也会广泛倾听来自组织各方面的声音，甚至向一线员工咨询，因为管理者相信"高手在民间"，然后做出决策，并对决策的结果承担责任。传统组织中的"一言堂"现象大大减少。权力两极化的轻足迹组织使职业经理人能够发挥的作用变小了，可以施展才能的舞台变小了。同时，随着科技的发展和突破，高层管理者可以利用科技来监控公司的整个工作流程，中层管理者的角色重要性也被淡化了，其作用逐渐变得可有可无。

特征二：合作多于并购。轻足迹组织更推崇合作而非并购，对结盟抱着开放的态度。因为轻足迹组织认为，相对于并购，合作的形式能够以较低的成本、较小的风险完成对商业价值链的掌控。这种推崇合作的倾向也较为适合乌卡时代的商业环境。因为在乌卡时代背景下，政治动荡、文化冲突、地区矛盾等可以轻而易举地扰乱经济秩序，建立合作关系则可以增加应对各种动荡和危机的力量。然而，即使轻足迹组织更推崇合作，也并不意味着并购不可取。与传统组织不同的是，即使轻足迹组织收购了一家公司，收购方与被收购方的关系也不是母公司与子公司的关系，而更像是盟友或合作伙伴的关系，即被收购方不会被收购方控制，收购方与被收购方之间也不存在利益冲突，被收购方的利益也不会从属于收购方。这也意味着，合作多于并购的模式有可能会强化乌卡时代的特征。因为相对于并购关系，合作双方的关系会变得更加不可控，更加不稳定。

特征三：行动快速且隐秘。轻足迹组织的特点之一就是行动迅速、动作轻盈、十分警觉，往往在竞争对手还没有摸清楚意图之前，就快速行动把对方打倒，即出其不意、一招制胜。在这个过程中要注意对战略计划的保密。在任何战略行动之前，计划和意图的保密意味着能够以较少的成本获得较大的收益。隐秘性和安全性至关重要。比如，一家科技公司在新产品手机发布之前，其工程师带着工程机外出，不巧被路人拍照，并上传到互联网，迅速广泛地传播，新产品的发布会就会受到影响。商业秘密的泄露往往会导致严重后果。轻足迹组织在这方面则做得更安全、更前瞻，即轻足迹组织不会一味主张公司的开放化和透明化，而是视战略所需。特别是在产品创新越来越难、同质化产品泛滥的时代，轻足迹组织的特点更加有利于创新和对知识产权的保护。

特征四：注重连带的破坏性。对于轻足迹组织来说，商场上的厮杀难免会有负面新闻，这些对组织声誉、品牌而言往往意味着负面影响。虽然媒体关系、公关和品牌管理在轻足迹组织看来不是最重要的，更算不上是决定性因素，但是也不能忽视，一旦马失前蹄，连带的破坏性后果也许更糟糕。正如某首童谣所说："少了一颗铁钉，丢了一只马蹄铁；丢了一只马蹄铁，折了一匹战马；折了一匹战马，损失一位将军；损失一位将军，输了一场战争；输了一场战争，亡了一个帝国。"

轻足迹组织的特点和内涵几乎是根据乌卡时代多变、不确定、复杂、模糊的主要特征而有针对性地进行设计的。类似于对症下药，轻足迹组织与乌卡时代的契合度和匹配性非常高。虽然组织行为学领域也有一些新型组织形态的涌现，如扁平化组织、无边界组织、虚拟组织等，但是其内涵和特征尚未如轻足迹组织一样如此精准地捕捉且对应到乌卡时代的特点。

第二节　组织韧性相关理论

一、组织韧性理论的发展历程

最初，"韧性"在多个学科领域先后出现，英文为"Resilience"，拉丁词汇"Resilire""Resilio"是其词源，意为回弹和反弹，像越冬的竹子一样被白雪覆盖，呈现弯曲的状态，春天到来后又能恢复坚韧挺拔。心理学和精神病学领域是最早将这一概念应用到科学领域的，比如心理学领域用来分析创伤后应激障碍对儿童的影响，并延展了"抗压性""弹性"等心理学术语。而后，工程学、积极心理学、战略学、安全科学、生态学等学科领域陆续采纳和使用了"韧性"的概念。生态学著作"Resilience and Stability of Ecological Systems"在1973年的发表，被普遍认为是韧性研究流行的开始，也是"韧性"在管理和组织科学领域出现的标志。学者经常在表述承受压力、有能力恢复、具备回到初始状态的能力时用到这个概念。

韧性可以根据应用范围划分为个体韧性和组织韧性。对于个体而言，韧性是抵御打击、越挫越勇、不惧失败的品质。对于企业而言，韧性是组织能力的一部分，组织韧性是组织在多变、不确定、复杂、模糊的乌卡情境下应对危机的能力。在当今复杂的时代背景下，全球经济与政治的动荡甚至颠覆，都使组织和个体应对危机及挑战时的韧性能力的重要性越发重要。

自 20 世纪 90 年代起，有关组织韧性的研究逐渐兴起，并衍生出五个研究脉络：一是以 Youssef 和 Luthans 为核心的个体韧性研究；二是以 Shin 为核心的团队韧性研究；三是以 Carmeli 和 Williams 为核心的战略韧性研究；四是以 Linnenluecke 为核心的环境韧性研究；五是以 Scholten 为核心的供应链韧性研究。

从整体上看，大部分有关韧性的研究主要聚焦于以上几个热点主题，探索组织韧性影响的前因；从实践上看，组织韧性的构建往往取决于多种要素之间的复杂作用，组织需要注意多种因素的组合及其作用机制，但现阶段相对碎片化的组织韧性研究还难以满足这一需求，且多因素之间的复杂作用机制也没有明确统一的结论。

二、组织韧性的定义、特点、前因、调节变量和效果

1. 组织韧性的定义

组织韧性在现阶段尚缺乏统一的定义。学者普遍认为组织韧性是组织在挑战和危机中突破障碍、渡过危机不可或缺的特性，不同领域的学者对组织韧性的定义和构成要素都有自己独特的理解，在常见的定义中，组织韧性常常从两个视角进行描述：一是动态的过程；二是静态的能力，如组织在颠覆性的冲击下保持持续运营的能力（DesJardine et al.，2019），系统在预测、避免、调整应对外部冲击方面的潜力（Sajko et al.，2020），承受冲击并从冲击中复原的能力（van der Vegt et al.，2015；Huang et al.，2018）。韧性也是一个过程，表现为构建组织的能力并有能力与环境进行互动，以应对充满挑战的环境，并努力避免不良反应的倾向，进而使组织在危机前、危机中和危机后进行正向调整并保持有序运营（Williams et al.，2017）。

有关组织韧性的研究早已突破了组织承载冲击、反弹后恢复之前状态的单一视角，有的学者认为，组织韧性除了承载力，在反弹恢复的基础上，还需要具备反超改进的能力，以使组织变得更加坚韧不拔。韧性应当包括两个维度——反弹维度和反超维度。两个维度的权重和重要性是不同的。"反弹"与"反超"是韧性的两大重要特征，比如被危机侵袭后的康复，以及由危机侵害所引发的提升改进，即逆脆弱能力。更多的学者倾向于将韧性比喻为橡皮筋，橡皮筋的弹性代表韧性的前冲力和恢复力，不是仅仅适应，也不是吸收和容忍。

经过归纳和总结，组织韧性的定义大致可以分为两种类型。第一种定义类似于弹性物体折叠或弯曲后能够恢复原有的特性和状态，组织能够在遇到危机和挑战时承受住冲击，快速找到应对方法做出正面调整并恢复的过程或能力。这类定义与自然科学中韧性的定义类似。第二种定义包括反弹和反超，有的定义侧重点在反弹，有的定义侧重点在反超。比如，"保持运营的持续和有效"表明了组织在危机中反超的能力，不仅指出组织在危机条件下抵抗打击、承受冲击的能力，还强调学习后进行改进和超越的能力。总的来说，可以从反弹和反超两个维度侧重性的不同来区分组织韧性的两种定义：第一种立足于反弹；第二种立足于反弹或反超，更突出反超中学习和改进部分，这也是本书研究所赞同的组织韧性的概念。一些文献对组织韧性的定义还停留在关注反弹的第一种定义上，没有去具体区分韧性与承受力。本书研究认为，恢复或复原属于组织韧性研究中的初级阶段，目的在于能帮助组织在危机或挑战中短暂地存活下来，而组织的学习能力和反超能力，即组织越挫越勇、越来越强的"反脆弱"或"逆脆弱"能力才是重点，是保障组织在乌卡时代的各种挑战中生存、成长和可持续发展的关键，也是组织韧性研究中的较高阶段。

由此，组织韧性的两种定义归纳如表2-1所示。

表 2-1　组织韧性定义分类

定义	引述	参考文献
反弹	"采取折中的立场，我们把韧性定义为一个过程，在此过程中行动主体（个人、组织或社区）建构并利用其所有能力与环境互动，从而在逆境前、逆境中和逆境后正面调整并保持有效运营"	Williams 等（2017）
	"韧性是一个过程，这个过程是指在面对充满挑战的情境中，个人或团体避免不良反应倾向，并且保持正面调整或应对"	Williams 和 Shepherd（2016）
	"组织弹性是指在需求不断变化并伴随压力的环境下，组织感知、分析并对全方位的战略机遇和需求做出反应的能力"	Grøgaard 等（2019）
	"组织韧性是指组织在预测、避免、调整应对环境冲击方面的潜在能力"	Sajko 等（2020）
	"组织韧性是指组织在预测、避免、调整应对环境冲击方面的能力"	Ortiz-de-Mandojana 和 Bansal（2016）
	"面对政治动乱时，组织韧性是指一种从组织资源和构架中衍生出的已有能力，通过缓冲政治动荡带来的不利影响，帮助组织应对并在动荡中存活下来"	Nayal 等（2020）
	"组织韧性是指系统在颠覆性冲击下持续运营的能力，同时也指现有组织再生和保持的能力"	DesJardine 等（2019）
	"韧性是指承载冲击并从中复原的能力，并为面对长期压力、变化和不确定性调整组织构架和运营手段"	van der Vegt 等（2015）
	"面对气候变化时，组织韧性是指面对由极端天气引起的不利外部环境影响，组织系统性地承载冲击并从中复原的能力"	Huang 等（2018）
	"组织韧性是应对冲击体系的一个预先已有的特性，这一特性建构此后发展出来的承载冲击并从冲击中复原的能力"	Buyl 等（2019）
	"韧性是有关公司承载冲击能力的信念"	Gao 等（2017）

定义	引述	参考文献
反弹+ 反超	"韧性是指在事先未知需要面对某种情况或事件的情况下，快速学习应对该情况或事件的基本能力"	Linnenluecke（2017）
	"一个具有韧性的组织平台能让不同团队在持续交流中共同发展"	Massa（2017）
	"组织韧性是一个组织在逆境条件下，承载冲击、保持或改进运营的能力"	Kahn 等（2018）
	"韧性是在面对逆境时，承载冲击、保持或改进运营的能力"	Barton 和 Kahn（2019）
	"韧性被定义为社会生态系统中的一种能力，该能力不仅承载冲击并且逐步学习且适应"	Bothello 和 Salles-Djelic（2018）
	"面对外部威胁的韧性取决于承载冲击（抗击打击的能力）和复原速度（恢复到动荡前的运营状态，甚至超越之前运营状态的能力）"	Dai 等（2017）

2. 组织韧性的特点

第一，"临危不溃"，指的是组织在逆境或危机中呈现出稳定性和可靠性、不易崩溃、不易瓦解。

第二，"复原"指的是组织在逆境中或在危机冲击下能够恢复。

第三，"欣欣向荣"，指的是组织内部有活力、运行有序、充满积极向上的动力，或者跃迁到一个新的期望状态。因为有了"欣欣向荣"的内涵，所以组织韧性与短期的组织复苏议题有所区分，组织韧性更倾向于持续生存的长期战略。

3. 组织韧性的前因

逆境事件使组织韧性的重要性凸显（Williams et al.，2017），逆境事件可根据不同的视角划分为不同的类型。分类一，根据是否存在乌卡特质划分为两种逆境事件：一类是不存在乌卡特质的逆境事件，这类逆境事件对于组织而言，破坏性较低；另一类是具备乌卡特质的逆境事件，这类逆境事件的影响和破坏性较强。需要明确的是，两种分类下的逆境事件均包括内部和外部事件。依据干扰的严重性的区别，划分为渐变式和突变式两个子类；依据干扰的可知性，划分为意外式和非意外式两个子类（李平，2020）。通过对比，本书研究发现，相对于渐变式和非意外式逆境事件，突变式和意外式逆境事件往往要求更高水平的组织韧性。倘若组织管理实践中遇到的逆境事件包括了乌卡特质下的意外式和突变式两种特征，那么这类逆境事件的影响往往较为巨大，会对组织造成严重的中断性冲击或颠覆性冲击，甚至成为一次灾难。

从逆境事件维度的视角，依据逆境事件的环境乌卡特质和易受干扰的程度，将其划分为三类：重度逆境事件、中度逆境事件和轻度逆境事件。首先，重度逆境事件一般指组织内部或外部突然发生的、对组织造成严重威胁却难以预测的事件，如科技灾难、自然灾害和人祸（van der Vegt et al.，2015；Williams and Shepherd，2016；Dutta，2017；Williams et al.，2017；DesJardine et al.，2019；Nayal et al.，2020）、经济危机（Williams et al.，2017；DesJardine et al.，2019）等。其次，中度逆境事件一般指组织外部持续性的变化以及组织内部的意外事件，如侵犯知识产权和组织中的违规行为（Williams et al.，2017）、丑闻（Kahn et al.，2018）、气候事件（Williams et al.，2017；Huang et al.，2018）等。最后，轻度逆境事件一般指组织内部和外部慢慢积累而形成的问题和组织外部环境变化所带来的压力（Grøgaard et al.，2019），如组织内部可靠性风险（Linnenluecke，2017）、组织内部的紧张感（Kahn et al.，2018；Barton and Kahn，2019）、焦虑（Barton and Kahn，2019）等。我们研究逆境事件，可以从组织韧性前因的视角进行深入分析，这样有助于我们洞悉组织韧性产生的原因、形成过程以及特质。比如，轻度逆境事件对企业而言，往往对组织的快速反弹能力和反应机制的灵活性要求较高，即前文提到的韧性定义——组织的快速恢复能力。但是，真正能给企业带来转机的反而是较大的危机，所谓"不破不立"，"穷则变，变则通，通则久"。企业在遭遇重大危机和逆境时，往往会从逆境中大刀阔斧地、颠覆性地学习和改变，改变既有的方式方法，产生根本性地突破。这考验的是企业的恢复能力，还有组织学习和改进的反超能力。如同个人遇到绝境后往往会深入思考和绝地反击，企业同样可以在危机事件和逆境事件中激发组织潜力、发挥创造力和学习力，在反弹之后继续反超，实现组织的转型升级。

将组织韧性的前因（逆境事件）分类汇总如表 2-2 所示。

表 2-2　对组织韧性的前因（逆境事件）分类

程度	前因		参考文献
轻度（从内部因素到外部因素）	• 挑战性风险；压力；例行程序的中断		Kahn 等（2018）
	• 慢慢累积、不易发现的紧张感		Kahn 等（2018）；Barton 和 Kahn（2019）
	• 焦虑		Barton 和 Kahn（2019）
	• 组织内部可靠性风险（高风险的技术系统）和小变化带来的持续性紧张		Linnenluecke（2017）
	• 全球化及区域反应产生的压力		Grøgaard 等（2019）
中度（从内部因素到外部因素）	• 技术信息漏洞和数据安全违规行为		Williams 等（2017）
	• 产品召回		Williams 等（2017）
	• 丑闻		Kahn 等（2018）
	• 社交媒体病毒式的混乱趋势		Williams 等（2017）
	• 持续上升的气候事件；气候变化		Williams 等（2017）；Huang 等（2018）
重度（从内部因素到外部因素）	• 组织危机		van der Vegt 等（2015）
	• 产业层面的商业危机或系统性冲击		Buyl 等（2019）
	• 经济危机		Williams 等（2017）；DesJardine 等（2019）
	• 灾难（自然灾害、科技灾难或人祸）	自然灾害（飓风、洪水、地震、森林大火、海啸、雪灾、冰冻灾害、旱灾）	van der Vegt 等（2015）；Williams 和 Shepherd（2016）；Dutta（2017）；Williams 等（2017）；DesJardine 等（2019）
		恐怖主义威胁，战争和暴力事件	van der Vegt 等（2015）；Williams 等（2017）；EI Nayal 等（2020）
		工业事故	van der Vegt 等（2015）；Williams 等（2017）

4. 组织韧性的调节变量

不同的企业，组织韧性不同，究竟哪些因素造成了这种差异呢？从组织韧性的影响因素来看，我们可以将其划分为调节变量和中介变量（运行机制）。组织韧性的调节变量从文献角度分析，大致可以分为硬能力（如资源、架构、战略）和软能力（如认知、情绪和关系）两大类，这两类能力决定了组织在面临危机或风险时的下沉幅度，即组织脆弱性，如损失的严重性（DesJardine et al.，2019）或绩效下降的程度（Buyl et al.，2019）。所以，组织韧性的重要影响条件之一就是组织脆弱性。而组织脆弱性在现有的研究中也有多种定义，内涵较为复杂，可以理解为多个因素的集合。本书研究将脆弱性视为主体在干扰冲击下保持结构完整性的能力，而韧性则指在干扰冲击下反弹和反超的能力，因此组织脆弱性只是组织韧性的调节变量。将脆弱性从韧性的定义中区分开来也是为了更清晰地表述韧性。可以理解为，脆弱性与承载力是韧性的条件，即调节变量。组织韧性更多强调的是组织的预警能力、巧创能力和学习能力，本书研究将其分为软能力和硬能力（见表2-3）。

表2-3　组织韧性的调节变量（组织能力）分类

能力	调节变量	参考文献
硬能力（资源、架构、战略）	财务能力（冗余），低负债	Linnenluecke（2017）；Williams 等（2017）；Huang 等（2018）；Nayal 等（2020）
	资源冗余，备用设备存储，弹性资源	Ortiz-de-Mandojana 和 Bansal（2016）；Linnenluecke（2017）；Huang 等（2018）
	社会资源	Williams 和 Shepherd（2016）
	组织架构（去中心化）	van der Vegt 等（2015）；Linnenluecke（2017）
	更集中的所有权结构	Nayal 等（2020）
	及时沟通和协调的技能	Williams 等（2017）
	危机处理小组/有能力的团队	Williams 等（2017）
	快速的执行力和反应力	Ortiz-de-Mandojana 和 Bansal（2016）
	公司管理策略	Buyl 等（2019）

续表

能力	调节变量	参考文献
硬能力（资源、架构、战略）	由利益兼容性和团队力量差异形成的边界渗透性（相互依赖性和毗邻团队力量）	Kahn 等（2018）
	非一体化（模块性）——组织活动和资源上的相互依赖会带来僵化	Keum（2020）
	可行的组织战略与商业模式	Linnenluecke（2017）
	行为能力（有效的组织构架、运行流程和活动配置能促进组织运行和信息分享）	Williams 等（2017）
软能力（认知、情绪、社会关系）	领导力	Williams 等（2017）；Kahn 等（2018）；Barton 和 Kahn（2019）
	亲社会的思维模式	Williams 和 Shepherd（2016）
	认知能力（愿景、目标感、坚定的价值感、知识和专业储备），知识多样性	Williams 等（2017）；Sajko 等（2020）
	情绪能力（乐观、希望、有表达和讨论情绪的机会、矛盾情绪），团队心理模式	Williams 等（2017）；Barton 和 Kahn（2019）；Stoverink 等（2020）
	关系能力（组织外的社会联系、信任），团队心理安全感，利益相关者关系	van der Vegt 等（2015）；Ortiz-de-Mandojana 和 Bansal（2016）；Williams 和 Shepherd（2016）；Dutta（2017）；Linnenluecke（2017）；Williams 等（2017）；Kahn 等（2018）；Barton 和 Kahn（2019）；Stoverink 等（2020）
	员工性格特征/员工能力（智力、自我效能、情绪稳定、愿意体验新的经历、社会支持、情感识别、自律、智谋、认知灵活性）	van der Vegt 等（2015）；Linnenluecke（2017）
	团队潜力	Stoverink 等（2020）
	企业社会责任	Ortiz-de-Mandojana 和 Bansal（2016）；DesJardine 等（2019）；Sajko 等（2020）
	组织成员多样性	Dutta（2017）；Rao 和 Greve（2018）
	公民能力	Rao 和 Greve（2018）

软能力一般包括团队层面和个体层面的认知、情绪能力，以及组织层面的社会关系。员工的人格特质，包括智力、情绪能力、认知能力、自我效能

和自律性（van der Vegt et al.，2015；Williams et al.，2017；Linnenluecke，2017；Barton and Kahn，2019；Stoverink et al.，2020；Sajko et al.，2020），是逆商的决定性因素，逆商即个体及团队面对挫折、摆脱困境和克服困难的能力。拥有良好认知能力的员工，往往目标感清晰、价值感坚定并具备专业的知识储备（Williams et al.，2017；Sajko et al.，2020），在应对危机或逆境事件的时候，能够弹性、灵活地做出反馈；积极的情绪能力包括希望、乐观、有表达和讨论情绪的机会（Williams et al.，2017；Barton and Kahn，2019；Stoverink et al.，2020），可以在危机中从不同的角度看待和分析问题，更容易识别和利用机会，从而降低损失，稳定局面。同时，组织领导力水平（Williams et al.，2017；Kahn et al.，2018；Barton and Kahn，2019）、组织成员的多样性（Dutta，2017；Rao and Greve，2018）及其公民能力（Rao and Greve，2018）都能提高团队潜力（Stoverink et al.，2020），构建良好的组织软能力并降低组织的脆弱性。关系网络可以较好体现组织层面的软能力。组织中不同部门之间的关系（Kahn et al.，2018）、群体关系（Barton and Kahn，2019）等是组织韧性的影响因素。良好的人际、群体、部门关系，有责任感、信任感和包容性（Kahn et al.，2018），能够减少潜在的危机，增强团队的心理安全感（Stoverink et al.，2020），也有利于组织中的成员调适心理和情感状态、获得社会支持、巩固社会联结，并降低脆弱性。从组织外部的角度看，企业的亲社会行为（Williams and Shepherd，2016）对组织进行危机管理的帮助很大（Ortiz-de-Mandojana and Bansal，2016）。组织如果在社会责任感方面投入更多，则在危机来临时，可能就会得到更多利益相关者的援助。

硬能力一般指组织架构、战略构思和资源储备。组织的人力、财力、物力等资源是企业面临逆境或危机时的储备库，如果平日储备充足，那么企业的抗风险能力就更强，否则企业就会更加脆弱。组织架构更像是企业构筑的家园，能够有效协调组织的部门和组织成员在逆境中调配资源，随时进行防守。van der Vegt 等（2015）和 Linnenluecke（2017）认为，去中心化的组织架构更加具有灵活性和机动性，可以形成快速的反应力和执行力（Bansal and Ortiz-de-Mandojana，2016），而 Nayal 等（2020）提出集中式的所有权结构有利于对风险的防控。Keum（2020）指出，组织活动和资源上的依赖势必导致僵化，因此模块性或非一体化很重要。有效的组织架构、运行机制和流程配置，即组织良好的行为能力可以有效促进组织运行和信息分享，进而提升组织韧性（Williams et al.，2017）。企业的战略是组织长期发展的航标和指引，往往具有前瞻性和高远性。组织的战略目标达成的难易程度会对组织的脆弱性或易受干扰性产生影响，如有挑战性的目标或难度更高的目标不同于一般目标，更易催生巧思巧创。硬能力和软能力对于企业来说不可或缺。软能力能有效弥合组织不同部门、不同视角的分歧和矛盾，糅合组织内部不同利益群体，实现协同和互助，从而使组织更有凝聚力，在应对风险时更灵活、更有弹性；硬能力保障了组织有什么样的力量和储备去应对危机，是组织的基石。没有硬能力，组织就较为脆弱，而缺乏软能力，组织则难以凝聚或不够灵活应变。所以，两者相辅相成。企业需要巧妙地平衡这两种能力，以提高组织韧性，降低组织的脆弱性。

5. 组织韧性的效果

组织韧性的效果也具有多种角度（见表 2-4）。

表 2-4　组织韧性效果总结

效果	具体指标	参考文献
积极的态度	提升幸福感	Williams 等（2017）
	积极地应对内部的失败、弱点、偏差和碰撞	Linnenluecke（2017）
	投资者的正向反应	Nayal 等（2020）
	提升交易信心	Gao 等（2017）
提升财务能力	更低的财务不确定性	Ortiz - de - Mandojana 和 Bansal（2016）
激活资源	激活传统资源	Gao 等（2017）

效果	具体指标	参考文献
增加合作	增加短期和长期的合作	Rao 和 Greve（2018）
提升员工能力	提升员工心理能力	Linnenluecke（2017）
	团队更有凝聚力	Barton 和 Kahn（2019）
	通过螺旋式自我提升，工作团队的韧性得到加强	Stoverink 等（2020）
抓住新的机遇	提高跨国公司感知和抓住新机遇的能力	Grøgaard 等（2019）
	更能利用新机会	Gao 等（2017）
建立灾后平台	构建灾后地方公共服务组织	Dutta（2017）
建立团队的共生平台	一个具有韧性的组织平台能让多个团队共生并相互进行持续的合作	Massa（2017）
降低脆弱性	组织韧性下的同步系统降低组织面对危机时的脆弱性	Kahn 等（2018）
	面对威胁时有缓冲带	Gao 等（2017）
反弹恢复和反超改进的速度加快	从极端事件或灾难中恢复并加强进步	Linnenluecke（2017）
	提升恢复能力（反弹恢复到干扰前的功能，甚至进入一个更好状态的能力）	Dai 等（2017）
实现灵活	跨国公司能够克服组织的障碍，实现灵活机动	Grøgaard 等（2019）
实现长期生存	高速长期成长，企业有高存活率和较低的短期收益	Ortiz-de-Mandojana 和 Bansal（2016）
	长期生存	Gao 等（2017）
	长期高绩效	SMJ 2019 Keum（2020）

　　首先，通过组织韧性的塑造，企业中可能出现更多的亲社会行为和积极态度。韧性较强的组织和个体往往具有更积极的自我认知和自我效能感。而这种积极的自我认知和自我效能感往往会给个体带来力量和幸福感，提升个人的主观体验，并促使员工应对内部的弱点、挫折、偏差和碰撞时更为积极（Linnenluecke，2017；Williams et al.，2017）。其次，员工积极正向的力量会影响组织，为组织内部积极态度的形成提供助力，组织韧性也会促进投资者产生正向反应（Nayal et al.，2020），增进交易信心（Gao et al.，2017）。

　　组织韧性的构建结果不仅影响组织在乌卡挑战和逆境中的短期存活，还关系到组织的长期成长。总的来说，组织成长可以认为是通过组织韧性的构建，加快了组织的反弹恢复和反超改进的进程和速度，从而帮助企业从灾难或极端事件中恢复并进一步变强（Dai et al.，2017），以达到更好的状态（Linnenluecke，2017）的情形。

需要注意的是，我们虽然可以将组织韧性的短期效果与长期效果区分来看，认知到组织韧性的长期效果与组织生存的关系更密切，组织韧性的短期效果与组织成长的关系更密切，但是这两者绝非割裂或完全独立，长期效果与短期效果是同时存在、平衡作用、相辅相成的。因为组织生存和组织成长这两个维度相互依存，彼此之间不可或缺：没有现阶段的组织生存就难有未来的组织成长，而没有现阶段的组织成长，也就难有未来的组织生存。

三、组织韧性的框架模型

随着国内学者曹仰锋在组织韧性领域的不断探索，组织韧性研究已超越特定因素，深入到了组织韧性的构建、组织韧性框架模型的研究中。

1. 影响组织韧性的五因素模型

很多学者认为韧性是一种化解危机所带来的压力使组织迅速复原并摆脱困境的能力，但曹仰锋认为，组织韧性除了能够帮助企业走出困境，还可以推动企业在危机中实现突破和增长。企业具备的组织韧性越强，越有助于其从危机中复原并获得可持续的增长。

组织韧性不是一项独立的能力，而是一个多元能力的组合。战略韧性、资本韧性、关系韧性、领导力韧性和文化韧性构成了组织韧性框架模型。对应组织韧性框架模型的五个因素，每一项韧性能力的背后都有一个明确的驱动因素。精一战略构筑了战略韧性，稳健资本构筑了资本韧性，关系韧性强调建立互惠关系，领导力韧性强调进行坚韧领导，文化韧性强调塑造至善文化。

由此，组织韧性框架模型如图2-1所示。

图 2-1　组织韧性框架模型

（1）精一战略与战略韧性。

高韧性企业秉承精一战略。精一战略要求领导者把企业战略视为一种平衡的艺术，在激进和保守中取得平衡，既渴望成长，又对成长保持敬畏。奉行精一战略的企业专注于核心业务，聚焦于核心竞争力，保持企业战略的长期一致性。企业战略某种程度上决定了资源如何分配，奉行精一战略的企业配置将重点资源配给核心业务，不盲目分散，唯精唯一，主张把最擅长的业务做到极致，使资源的利用效率最大化。高韧性企业的一个突出特征是成长具有稳定性，将稳健经营、可持续增长作为精一战略的经营原则，企业的成长模式为内生增长为主、外延扩张为辅，追求可持续的增长。精一战略帮助企业的战略韧性在应对危机和挑战时从容不迫、游刃有余，这样的企业往往能够敏感地洞悉和认知外部环境，时刻警惕和防备潜在的危机，并做出预判，在危机到来时已经做好了充分的准备。这样企业就可以在危机中快速复原，实现可持续发展和增长。精一战略专注于企业的经营之本，即使在危机来临时，也不忘使命，不忘根本。正是得益于对"本"的坚持和固守，对使命的长期专注，才塑造了组织的战略韧性，使企业在一次次危机和难关中屹立不倒、基业长青。

（2）稳健资本与资本韧性。

战略影响资本，资本反作用于战略。除了战略韧性，企业要想在挑战和危机中突破，还需要有资本韧性。在商业世界里，资本往往是稀缺的，也是企业在危机和风险中的核心资源，资本往往事关企业的存亡和组织的生死，因此，对企业的战略及长期价值产生决定性影响的不是公司的组织架构而是资本结构。高韧性企业往往具有较强的资本韧性，这类企业意识到倘若资本韧性不具有弹性，企业就难以复原和反弹。而在企业所有的弹性资源中，资本是助力企业走出危机最为核心的资源要素。稳健资本塑造了高韧性企业的资本韧性。奉行稳健资本策略的企业坚持"现金为王"，认识到只有在"好日子"里为"坏日子"的到来做好准备，才能够应对"坏日子"带来的挑战和困境。稳健的资本策略并不意味着保守，而是在激进与保守之间取得一种平衡。稳健的资本政策需要平衡地使用股权融资和债权融资两种模式，而较低的资本杠杆水平有助于抵御各种危机和挑战的影响，实现可持续增长。资本韧性塑造了稳健的资本结构，能够平衡现阶段的业务与长期的业务，使企业在预防风险的同时，可以抓住未来的机会，从而保持企业的可持续增长。稳健的资本策略把提高盈利能力作为提高企业资本韧性的手段，追求"利润最大化"，而不是追求"净利润最大化"。奉行稳健资本策略的企业采用基于顾客价值的市场定价方法，而不是常用的成本定价法，并敏锐地洞悉定价带给用户的影响，防止价格过高带来的用户流失。高韧性企业意识到盲目追求高利润率和溢价是一种经营短视和失策，利润总额最大化才能使企业获得最佳的绩效，这也是企业绩效精神的精髓。

（3）互惠关系与关系韧性。

关系韧性是组织韧性的重要组成部分。企业关系韧性的塑造，包括与员工、客户、用户、投资方以及其他生态伙伴都建立互惠关系，这种互惠关系越紧密、越牢固，企业的关系韧性和组织韧性也就越强。企业如何管理利益体现了管理的精髓。高韧性企业把共同富裕作为与员工、客户、用户、投资者以及其他伙伴之间互惠关系的决定性要素，将长期战略的目标明确为打造"利益共同体"。高韧性企业与员工之间互惠关系的要点包括工作成就感、意义感、工作稳定感、人尽其才、相互成就、共同富裕等，而不是传统意义上的雇主与雇员的关系。企业与客户和用户之间互惠关系的要点是"创造独特的价值"，当企业创造的价值越能满足客户和用户独特性、个性化的需求时，他们之间的互惠关系就越牢固，客户和用户就越忠诚，越不会轻易地抛弃企业，甚至可能和企业一起共渡难关。在企业与投资者建立互惠关系时，高韧性企业从持续提高价值创造能力和分享价值的能力两个方面入手，营造与投资者的共赢关系。通过"共同富裕"将两者紧紧联系在一起，形成战略同盟，以塑造强大的、坚不可摧、长期合作的投资者关系。

（4）坚韧领导与领导力韧性。

领导力属于组织的核心战略资源。领导力包含的领域在组织中较为广泛，组织中处处可见领导力的影响。坚韧领导塑造了组织的领导力韧性。高韧性组织往往具有较强的领导力韧性。高韧性企业的领导者首先具有批判性思维，能够意识到骄傲与自信往往会导致盲目乐观和故步自封，以往的优秀业绩和卓越成就不代表未来具有同样的能力。高韧性领导者还要具备平衡思维，能够谨慎敏锐地洞悉环境因素的影响，评估环境因素可能给企业带来的负面影响，并敬畏未知、尊重规律，对未来时刻保持高水平的洞察力和判断力。同时，高韧性企业能够意识到学习的重要性，意识到自身能力与企业发展同步才是进步的最佳状态。他们善于在企业战略目标与企业的组织能力之间寻求一种平衡。高韧性领导要求领导者不盲目追求不切实际的增长，能够认清现实且不被各种热点、风潮、行情所裹挟，能够保持理性，制定合理增长的目标。高韧性领导者的批判性思维和平衡思维有助于在企业内部形成"居安思危""防患于未然"的企业文化、理性思维和管理机制，在危机和挑战到来前就做好充分的准备，通过不断的学习、思考和超越，带领企业运用集体智慧获得优势，应对挑战和危机，并且能够从失败中总结经验，善于领悟和反思，不断提高企业的应对能力和应变能力，帮助企业取得可持续的发展。

（5）至善文化与文化韧性。

人心是组织中最大的团结力量，员工的"共同体意识"是组织韧性的重要构成之一，塑造两种共同体意识是高韧性企业所看重的：命运共同体和利益共同体。其中，利益共同体以利益为核心，员工的利益共同体意识主要由互惠关系塑造；员工的命运共同体意识则由至善文化塑造。命运共同体意识意味着员工在企业遇到困难和挑战时，依然表现出忠诚和跟从，能够与企业同舟共济、一起应对挑战和危机，而企业不抛弃员工，企业与员工创建共享价值体系，体现出高瞻远瞩的战略视野和责任共担的意识。员工身处组织之中，时刻感知到对组织韧性和组织绩效影响巨大的企业文化。所以，至善文化塑造了企业的文化韧性。相对于战略韧性和资本韧性，至善文化体现了更多的柔性智慧，比如"刚柔并济"的巧妙运用，既注重塑造员工的奋斗精神、拼搏精神、勇士精神，又注重培养"快乐与关爱"、人本主义的精神。高韧性企业在文化韧性的塑造上，还尤为注重员工对组织的长期承诺，并意识到长期承诺的底层土壤是"文化一致性"。一致性的承诺是根本。至善文化包括三种主要特征：首先，尊重和顺应人性，在管理中不忤逆人性，致力于在组织中提升每个个体作为组织成员的意义、参加工作的意义。这是将人类与其他动物区分的底层动机，是人的本质的价值体现。其次，至善文化尊重和顺应企业的本性，即从商业组织的角度进行商业活动，体现商业组织的价值——为客户和用户创造价值，为股东带来利益，为员工提供工作，为社会贡献力量。这些属于企业的本性。最后，至善文化将"利他"置于核心位置。利他意味着牺牲局部利益，成就整体利益。从传统哲学的角度讲，上善若水，大善利他。企业从事商业活动也是一种成就他人、回馈社会的方式。

2. 构建高组织韧性的修炼

（1）修炼一：精一战略与关键措施。

《管子·心术下》中有一句话诠释了精一的力量："执一而不失，能军万物。"这句话告诉我们，只有执着地坚守事物的本质（道理），才能让万物为我所用。换言之，只有回到根本，回到本质，才能找到打造高韧性企业的原动力。因此，修炼精一战略首先是一心一意、心无旁骛地专注于做最擅长的事情。修炼精一战略还要不偏不倚，利用动态平衡的力量提高适应能力。《中庸》中有一段话："舜其大知也与，舜好问而好察迩言，隐恶而扬善，执其两端，用其中于民。"其中所蕴含的智慧是精一战略的法门。

措施一：制定宏大的愿景和使命并长期坚持。

这一措施包括两个方面：首先，企业的领导者尤其是创业者应该制定人生的宏大愿景和使命；其次，制定企业宏大的愿景和使命。愿景和使命如果仅仅是写在墙上、印在手册里的华丽语言，那就成了形式主义。组织需要员工从心底里坚信它，并为之奋斗。无形的愿景和使命会对有形的战略和目标产生重要影响，企业的成长就像是在茫茫的大海中探索前行，共同愿景像是照亮前路的灯塔。对于企业而言，愿景解答了"未来我们是谁"的问题，即一家企业的未来远景是对企业远期发展的一种期望；使命解答了"我们为什么"的问题，即一家企业为什么存在，它的价值是什么，它为谁创造价值，以及创造什么样的价值。

措施二：制定明确、清晰的发展目标并打造与之匹配的能力。

使命和愿景可以引导员工关注企业的长期发展，但是愿景势必需要通过细分落地，分解到年、月、日、人、项目中形成具体目标才能实现。锁定目标管理体系首先需要将目标区分层次，常见的以时间维度区分的目标划分为长期、中期和短期目标。在乌卡时代的各种挑战下，企业往往难以制定长期发展目标，或者说现实不具备制定长期目标的条件。对于稳定发展的企业，如果行业环境允许，可以将五年规划确定为长期发展目标，将三年规划确定为中期目标。将一年规划确定为短期目标。从管理层次的视角看，目标可分为公司级目标、部门级目标和个人级目标，最为重要的是这三级目标应该层层分解、层层递进、不可割裂。不同级别目标的有效性如何检验？可以参考如下几个标准来审视：第一，目标要具有挑战性且能激发管理者和员工的成就动机；第二，目标要透明，便于各部门行动，便于跨部门协同、沟通配合；第三，目标要明确，可以量化或可以用关键任务来衡量，符合 SMART 原则；第四，目标要可以弹性迭代，能够根据内外部环境的变化进行动态调整，而不是一成不变。在此基础上，还需要注意目标要与组织能力相匹配，组织能力受组织架构、集权和分权的形式、管理运营水平、团队凝聚力、员工个人能力、企业文化等多重因素影响。在企业运营中，需要尤为注意关键岗位的个人胜任力对组织目标的影响，可以考虑定期根据战略目标对组织实际能力进行诊断，找出差距，并由此制订能力提升计划。

措施三：以稳健增长为原则制定合适的增长比例。

每年组织的业绩增长在什么范围内较为合适？这和企业所处行业的增长情况、企业规模、企业所处的发展阶段等都有很大的关系。高韧性企业的增长策略为：首先，每年的增长应该控制在一个合理范围内，起码要高于市场增长速度，否则企业可能会落后于行业平均发展水平。其次，不要奢求"指数级增长"，这种增长往往不具有常态性，因为没有一个行业可以无限量增长。稳健增长是企业的首要原则。10%～20% 的增长幅度是较为理想的。在有些成熟的市场，10% 的年增长率已经很有挑战，当然在一些成长性市场，20% 的年增长率可能略有保守。再次，避免大起大落、陡增陡降。从长远视角看，企业如果在长期范围内将增长速度稳定在 10%～20%，将有效塑造其组织韧性。最后，力出一孔，资源集中于核心业务，将核心优势发挥到极致。企业不是追求增长规模而是追求高质量增长。高质量增长即企业的资源利用效率得到提高，组织效能得到提升。

措施四：兼顾内生增长与外生扩张。

从内生增长角度看，企业需要聚焦资源于核心业务，充分利用技术资源、市场资源、人力资源等优势打造其核心业务，塑造核心竞争力，构筑"护城河"，而对于非核心业务保持好奇心、理性发展，不盲目扩张。从外生扩张的角度看，企业要量力而行，确保将外生扩张的业务增长控制在总体的 30%

以内，且确保被并购企业与本企业在核心业务上的充分相关或优势互补。高韧性企业也赞同通过外生扩张增强其核心业务，以此实现互补。在企业并购的过程中，资本所代表的硬实力只是一个方面，企业常常通过软实力即管理能力的运用来激活被并购企业的潜力和活力。

（2）修炼二：稳健资本与关键措施。

精一战略决定稳健资本，稳健资本影响精一战略。当危机来临的时候，稳健资本是抵御危机最重要的资源，它如同寒冷的棉衣，让企业"免受寒冷的摧残，迎来灿烂的春天"。打造资本韧性，就需要企业平时注重打造高收益的经营体制。

措施一：以有备无患为原则，保持充足的现金储备

危机之所以让人措手不及，往往在于其具有不可预知的特点。因此，企业必须以有备无患为原则，在夏天就为过冬准备棉衣，要将对现金流的管理上升到战略高度，不能心存侥幸，等到危机来临时才想到"现金为王"的忠告。企业需要根据运营资金的使用情况确定合适的现金储备水平，高韧性企业至少需要储备维持企业运营 6 个月以上的现金。有些人认为现金储备多了会降低资本的利用效率，这种认识在企业里普遍存在，但是这种认识忽略了另外一个事实，当大多数现金储备不足的企业在危机中倒闭的时候，会留出市场空白，出现增长的机会，这时现金重组的企业可以借机快速成长。当然，并非企业储备的现金越多越好，关键是要把握一个度，给企业资本留有弹性的空间。

措施二：以稳健的财务政策为原则，将资本杠杆水平控制在合理范围之内。

企业的现金既有来自公司的运营收入的，又有来自企业的融资的，想要提高资本的韧性，企业需要平衡地使用债权融资和股权融资两种策略：将债权融资用于短期运营发展，将股权融资用于未来的投资机会。在危机来临的时候，资本杠杆水平高的企业常常最先倒下，因此企业需要在平时就采取稳

健的财务政策,将资本杠杆水平控制在一个合理的范围之内,既不激进,也不保守。企业需要将资产负债率和资产利用率两个战略指标进行协同管理,持续提高资本利用效率,并根据自身的运营特征制定一个资产负债率的安全标准,将其视为一项严格的财务纪律和原则并长期坚守。

措施三:以利润最大化为原则,持续提高营利能力。

利润是衡量企业创造价值的指标之一,高韧性企业追求利润最大化,但不追求利润率最大化,这两种逻辑会直接影响企业的定价机制。是采取低价策略还是高价策略?是采取内部定价机制还是采取市场定价机制?许多企业采取的是内部成本定价法,即在成本的基础上加上一定的净利润率就是产品的价格,这是以自我为中心的定价机制。高韧性企业则采取市场定价机制,即根据顾客的承受力,结合产品的价值,确定一个让顾客感受到性价比最优的产品价格,这种价格让顾客乐于购买,既能保证一定的利润率,又能提高销售量,从而实现了利润的最大化。定价对企业而言至关重要,它直接影响了产品在市场上的竞争力和销量,也直接影响企业的营利能力,事关企业的生死存亡。

(3)修炼三:互惠关系与关键措施。

稳健资本决定互惠关系,互惠关系影响稳健资本。企业只有持续提高营利能力,打造高收益的体制,才能与员工、客户和用户、投资者以及其他伙伴之间建立互惠的关系,才能够抵御危机的冲击,保持持续增长,这是经营的基本常识。互惠关系其实是一种利益共同体关系,它塑造了企业的关系韧性。关系韧性可以在危机来临的时候让企业与员工、客户和用户、投资者以及其他伙伴之间形成强大的凝聚力,共渡难关。

措施一:以"员工第一"为原则,打造利益共同体。

只有员工才是创造价值的主体,高韧性企业将"员工第一"确定为首要的经营原则,而不是很多企业强调的"客户第一"或"股东第一"。因为高韧性企业认为,在所有危机中,最大的危机是凝聚力的瓦解。高韧性企业致力于在平时就塑造与员工之间的互惠关系，不断提高员工的敬业度和团队凝聚力。"员工第一"不能成为一种炫耀的口号，而要真正成为企业经营行动的准则，危机来临的时候，就是检验这一原则的最佳时刻。基于"员工第一"的原则，高韧性企业持续创新管理模式，尽最大努力发挥每一名员工的价值，持续提高员工的工作效率，并通过为员工提供安全且稳定的工作、富有竞争力的薪酬打造利益共同体。与员工建立互惠关系，就需要给员工提供发挥能力的平台和施展才华的空间以及晋升机会，最大限度地激发员工的潜能。

措施二：以客户和用户为中心，持续创造独特价值。

企业存在的目的是为客户和用户创造价值，但仅仅创造价值尚不能与客户和用户建立持久信赖的关系，只有为客户和用户创造独特的价值才能赢得他们的信任。在企业身处危机时，客户和用户的信任至关重要，但是信任的建立需要持之以恒，需要长期培养。在赢得信任的基础上，高韧性企业还努力赢得客户和用户的尊敬。尊敬是比信任更高层次的社会关系，要赢得客户和用户的尊敬，企业首先必须具备令客户和用户尊敬的高贵品质，这就需要企业以客户和用户为中心，在品牌管理、客户和用户关系、社会责任等方面做到极致。要想赢得客户和用户的尊敬，仅仅有客户和用户的满意度是不够的，高韧性企业关注的是客户和用户忠诚度这一指标，通过对客户和用户忠诚度指标的关注来持续改进公司的运营、产品和服务。

措施三：以持续营利为原则，为投资者创造长期价值。

投资者的持续投资是企业长期发展的基石，不管是公开上市企业，还是私人投资企业，企业都应该建立专门的投资者关系管理部门，把与投资者建立互惠关系上升为公司的战略行为。持续营利是与投资者建立互惠关系的基石，投资者关注的是企业长期创造价值的能力。高韧性企业除了关注净资产收益率这一指标之外，还应关注经济附加价值这一指标。

（4）修炼四：坚韧领导与关键措施。

互惠关系决定坚韧领导，坚韧领导影响互惠关系。塑造坚韧领导力的原因之一就是领导力在组织发展的现阶段已经成为一种战略资源。诚如稻盛和夫所说："所谓经营，只能由经营者的器量来决定。"要让企业获得发展，经营者的人格必须成长。在领导者的人格特质中，坚韧是首先可贵的品质。

措施一：以"自以为非"为原则，时刻保持敬畏之心。

坚韧领导的基础就是领导者的个人修炼。"自以为非"属于批判性思维，以自我反思和内省为主。与"自以为非"对立的是"自以为是"，"自以为是"是许多领导者都有的通病，自信过了头，容易独断专行，躺在功劳簿上把过去的成功经验当成不二法则，把旁人的建议当成耳旁风，把自己视为"救世主"。"自以为非"意味着：首先，虚怀若谷。过度的自信意味着自负，对不确定性的敬畏可以使领导者保持高水准的判断力和洞察力，这样的领导者能够敏锐地感知外部环境发生的变化，而不是陶醉在以往的成绩中。其次，广纳谏言，兼听则明。领导者要善于倾听员工的建议，多元化视角地思考问题。闭目塞听会错失很多改进的机会。最后，防止"一言堂"，企业的决策机制需要避免领导者的独断专行，要充分发挥集体智慧。

措施二：运用"执两用中"的智慧保持平衡思考。

坚韧领导者能够辩证思考，从正反两个角度进行衡量，并选择一个相对平衡的方法，不走极端，不偏不倚。"执两用中"往往考验坚韧领导者的智慧和悟性。善于平衡思考的领导者不喜欢险中求胜、不愿意将成功建立在小概率事件的基础之上。这样的思维模式有助于避免企业冒过高的风险，有助于形成"踏实、谨慎、理性、务实"的企业文化和机制，有助于帮助企业渡过危机，稳健成长。

措施三：以激活组织智慧为原则，提高影响力。

首先，领导力在某种程度上讲是一种影响力，影响力可以将员工团结在一起，可以凝聚组织，提升组织韧性。当一个团队在领导者的影响下为了共同愿景和使命奋斗时，组织就开始产生凝聚力，即使遇到困难和挑战，团队也不容易气馁。所以，塑造共同愿景和使命是提高领导者影响力的关键。其次，领导者的意志和精神品格也是不可忽视的要素，这些人格特质可以形成强大的精神力量，帮助团队渡过危机。大部分人在危机面前会陷入恐慌、不知所措、产生悲观情绪等，如果领导者遇到危机首先崩溃，那么团队自然也丧失了战斗力，人心涣散，组织便丧失了韧性。

措施四：持续提高学习力。

提高学习力要避免三个短视，即周期短视、主体短视和失败短视。为避免第一个短视，要平衡短期学习和长期学习。短期学习往往立足于解决现有问题，适应于当下的环境。而长期学习则面向未来，塑造适应未来发展的能力。很多时候，当外部环境发生变化后，既有的能力可能不再是优势，或者对于解决新问题无益，还有可能成为障碍。而在企业发展中，短期优势也可能是长期发展的障碍。所以，两者需要平衡。为避免第二个短视，要注意学习主体，需要学习的不仅是员工，领导者也需要学习，组织更需要学习。学习力的提升不能顾此失彼，不能专注局部而忽略整体。如果组织的整体学习力没有提升，某些员工的学习力提升也难以带动全局，某些管理者的学习力提升也同样难以带动全局。为避免第三个短视，则要兼顾向成功学习和向失败学习。很多组织善于向成功学习而不善于向失败学习，因为在错误面前，人们往往习惯于回避。更有很多企业是避谈失败的，甚至粉饰失败，美化失败，不愿接受现实。如果世界是长期稳定且简单的，那么重复被证明有效的行为就是明智的选择。然而，世界多变、不确定、复杂、模糊，而组织犯错的概率不低，组织经验积累的速度相对缓慢，所以经验不是任何时候都是最好的老师。在乌卡的世界里运用经验式学习法，可能会导致一系列错误，让人迷惘。

（5）修炼五：至善文化与关键措施。

高韧性企业在穿越一次次危机中意识到，只有将组织文化置于首要位置，并在公司建立命运共同体意识才可能战胜挑战，员工的共同体意识是组织韧性的重要因素。

措施一：以追求卓越为原则，崇尚绩效精神。

没有以追求卓越为原则，就没有打造高韧性企业的动力。追求卓越，需要企业内部推崇绩效精神，鼓励努力奋斗，将事情做到极致，鼓励提出更高标准，更重要的是，要有永不服输的精神。企业属于商业机构，为了保障员工、客户和用户、股东以及合作伙伴的利益，为了造福社会，就必须提高营利能力，就必须创造高利润，就必须为顾客持续创造独特的价值。在市场环境下，企业之间的竞争异常残酷，领导者必须正视竞争，直面竞争，在公司中塑造绩效精神，并将其作为选人、用人、留人的重要依据。在绩效面前，人人平等。崇尚绩效精神，就需要不断地完善绩效管理和激励管理两大机制，不让奋斗者吃亏。

措施二：以利他为原则，倡导关爱与快乐。

利他是凝聚人心的利器，在战胜危机中，人心是最重要的。凭借凝聚人心成就伟业的事例不胜枚举，许多企业的成功依靠的都是团队凝聚力。而由于人心涣散，企业溃败的例子有很多，如果说最难以把握、最容易变化的是人心，那么一旦建立信任、心心相连，最可靠、最牢固、最经得起考验的还是人心。

措施三：以塑造命运共同体为原则，坚守长期承诺。

利益共同体和命运共同体是高韧性企业最显著的两个特征。利益共同体以利益为纽带，命运共同体以情感为纽带。培养组织内部的情感，需要企业坚守长期的承诺。企业领导者在承诺上常常犯的错误是过多地给予承诺，给员工开空头支票，而不兑现承诺，这是对组织信任和组织情感最大的伤害。承诺不在于多少，不在于语言多么华丽，不在于多么诱人，而在于兑现。对领导力而言，通过虚假的承诺来骗取员工的信任是最愚蠢的行为，是对组织韧性最大的破坏。

第三节　创业型企业相关理论

一、创业型企业的定义

创业型企业是指成长性和风险性较高，处于创业阶段的创新开拓性企业。创业型企业通常规模较小，营利能力较弱，具有较大发展潜力的同时也具有较高风险。与大中型企业或成熟企业相比，创业型企业应对危机的资源较少、抗风险能力偏弱，对于经济形势波动、法律政策问题、技术突破、消费者需求以及金融体系的变化等更为敏感，所以创业型企业常常在挑战重重的环境中进行商业运营。在创业型企业中，为生存而挣扎是极为常见的情况。创业型企业由于组织脆弱性较大、稳定性欠缺，容易受到外部因素的冲击。

二、创业型企业的特点

创业型企业的特点较为鲜明，具有以下四个明显的倾向：

第一，创新性。创业型企业拥有一定的创造力，在市场上现有产品和服务的基础上实现超越、取得突破，或者发现新的机会、获得新的客户，或者用新的方式进行资源配置，或者发现新的商业模式，从而打入市场。创新性体现了公司的创造力倾向，并在此基础上产生新的产品、服务、技术或商业模式。

第二，机会导向性。创业型企业具有发现机会、识别机会、抓住机会、利用机会的能力并将创意转化为现实，形成经济成果。

第三，创业活动的动态性。一方面，创业型企业从发现机会到利用机会是一个动态的过程；另一方面，创业型企业的创业精神会贯穿企业创业的全过程。

第四，高风险性。创业本身具有高风险性。与成熟企业相比，创业型企业的发展表现出更多不确定性，创业型企业需要主动寻找生存空间，且创业型企业往往具有积极主动承担风险的特点。

在我国创业型企业中，大部分中小型创业型企业的负责人为缺乏经验的年轻人。这类企业负责人往往由于经营经验、市场经验、管理经验等的缺乏，加上急于求成的心态，更容易冒进，做出冒险决策。同时，年轻人思想较为开放，接受新生事物和新思想较快，在进行决策时往往会过犹不及，有时"聪明反被聪明误"。比如，商业组织的经营决策往往需要成熟的管理经验、对市场的敏锐观察、对行业的深刻理解，而年轻人很可能在缺乏对行业和市场深入调查的情况下，单纯地引进现代化的管理理念和管理措施，希望以此不断调整自身的经营管理模式，对现有模式进行创新和优化。结果很可能是，类似的举措达不到预期，毕竟没有放之四海而皆准的把握，管理也是一样，如果其不能适应企业的实际发展情况，很多时候也仅仅是迎来了短暂的繁荣，并不能取得长期的、可持续性的发展。

三、创业型企业常见的内外部冲击因素

对于创业型企业而言，其脆弱性往往来自外部和内部的各种冲击。常见的冲击因素主要有以下四个方面：

1. 资源短缺

如果从资源理论的视角看，商业组织建立在一定的资源之上，独特的资源与能力是企业竞争的源泉。对于创业型企业而言，资源短缺一直是其面临的主要问题，特别是像财务资源、人力资源这类决定企业生存和发展的关键资源。许多创业企业在遭遇危机和困境时都面临着诸多生存考验，资金链的断裂与融资能力的不足所引发的流动性约束问题是创业失败的重要原因（Pal et al.，2014），财务资源的欠缺使创业型企业难以保障稳定有序的研发、生

产和经营，因此也就难以成为高成长性的公司。从人力资源的角度看，创业型企业在早期阶段由于管理体系与组织架构尚不成熟、不够稳定，知名度、品牌影响力等较弱，薪酬福利、奖金等方面难以与成熟企业或知名企业竞争，因此很难吸引到行业内优秀的技术人才和管理人才加盟。另外，许多新创企业由于前期缺少人才，大多是以家族成员为单位开始创业的，非血缘关系的人才很难对创业型企业产生归属感和认同感。

2. 商业模式匮乏

互联网颠覆了一部分传统的商业模式和商业逻辑。商业模式在现今发挥的作用越来越显著。从本质上说，商业模式回答了企业是如何开展业务的问题，强调用整体的系统思维解释企业的运作方式。有些学者将商业模式划分为四个要素，即客户价值主张、盈利模式、关键资源和关键流程，要素之间相互作用、相互配合为企业创造价值。创业型企业往往在营利模式、关键资源方面存在明显的短板，或者模式较为单一，缺乏弹性和延展性。

3. 创业者的认知局限

创业型企业的创始人在认知层面往往与成熟企业的创始人有较大的差别。由于大部分在创立早期阶段的创业型企业缺乏稳健的管理机制和组织架构，其在生存和发展过程中很大程度上依赖于创始人的个人能力和个人魅力，而创始人较高水平的认知能力和对行业的理解能力对于创业型企业发现和识别机会、评估风险、开发和利用创业资源等战略选择至关重要。同样，创始人认知能力的局限和不足会不可避免地给企业带来负面影响，比如盲目自信、洞察力弱、缺乏商业尝试、不尊重客观规律、对专业人士不够信任、不充分放权、喜欢管控等，都可能导致企业不能及时识别潜在的风险和陷阱，难以对商业经营做出准确的判断，从而使企业未能预知风险或多走弯路而蒙受损失。

4. 组织合法性障碍

组织合法性是利益相关者对组织行为做出的一种社会评价，代表着组织被社会接受和认同的程度。对于创业型企业而言，这也是一种关系关乎生存、成长、发展的战略资源。如果一个组织是合法的，那就意味着组织处于成长和发展中，组织行为就会被利益相关者认为是有价值的、有意义的。从管理实践的角度看，组织合法性障碍往往是创业型企业遭遇的常见困境，构成了组织外部冲击的主要来源，可能对创业型企业的生存与发展产生严重阻碍，不具备组织合法性的创业型企业更容易失败且失败概率随时间增加。

四、创业型企业组织韧性的形成要素

虽然学者对"韧性"与"创业"两个领域进行了一定程度的整合研究，但是大部分还是聚焦在微观领域。现阶段很多组织韧性方面的研究在大中型企业和成熟企业中开展，而对于创业型企业的关注比较少。企业往往在其生命周期的早期阶段相当灵活且非常不稳定，因此大部分创业型企业并未形成成熟的、完备的组织韧性，而如何处理内外部冲击带来的挑战对企业而言是个难题，很多创业型企业的常态是捉襟见肘、焦头烂额。创业型企业组织韧性的形成，可以理解为对内外部危机和挑战所带来的风险和乌卡特质进行"熨平"的过程。组织韧性是这类企业在应对挑战和危机过程中，在遭遇冲击之前拥有的预防和抵御风险及不确定性的能力，以及在遭遇冲击之后恢复并进行创新的能力。这里的组织韧性是一种组织能力。而组织韧性的形成要素，就是创业型企业针对各种风险、挑战、困境和危机所出具的解决方案，也是创业型企业可持续发展的重要因素和关键。

在创业型企业组织韧性的研究中，资源问题受到重点关注。当遭遇外部危机和冲击时，创业型企业可以通过组织能力和管理机制应对外部环境，而充足的组织资源是创业型企业赖以生存的基石（Williams et al.，2017）。通过对组织韧性与危机之间的动态关系进行研究，有学者提出了组织韧性的五个资源禀赋，即认知、行为、财务、情绪调节和关系能力禀赋。其中，充足的财务资源是创业型企业可持续发展的源泉，需要重视其开发、保护和利用。

从策略上讲，一方面，创业型企业应当具有危机管理的意识，平日里就应准备好应急资金，同时引入保险机制，未雨绸缪，保障资金的安全性。在应对危机事件时，更应该严格把控现金流、压缩成本，并加快资金回笼、注意应收账款风险，以保证企业渡过难关。另一方面，在资源利用上，对闲置资源进行有效配置也能够增加创业型企业的竞争优势，如增加营业外收入，有助于减轻市场动荡带来的潜在损失和实际损失。

除了资源，个人层面的韧性思维和组织层面的韧性思维也是创业型企业组织韧性的形成要素。个人层面的韧性思维主要是创业者及创始团队的创业精神，组织层面的韧性思维则包括稳健的组织结构和灵活应变的组织战略。从个人角度看，人力资本和心理资本在组织韧性的形成过程中发挥着重要的作用，更积极、拥有良好社会支持以及良好社会关系的员工有助于增强企业的韧性，管理者的参与对制定系统的危机管理策略以及引导组织内的员工进行合作也非常重要。其中最重要的还是创始人本人，作为企业家应当具有自强不息、坚韧不拔、越挫越勇的创业精神，运用精神力量和人格特质在应对危机时发挥更大的主观能动性，取得更好的效果。在企业日常经营中，也要注意通过培训和学习增强员工的风险识别能力、风险识别意识以及应对危机的能力和技巧，还有心理素质方面的准备。在企业遭遇危机和挑战后，创始人积极探索摆脱危机、转危为安的有效办法，是快速形成组织韧性，使企业能够实现逆势成长的关键。从组织视角看，创业型企业要特别注意组织的体系性建设，如制度、规章、流程等的创立和维护，这些可以使创业型组织逐渐规范化、惯例化，日常经营中有章可循、有据可依，帮助组织从松散的集合发展转变为系统的主体。良好的运营和管理体系可以更好地支撑创业型企业的发展，也有助于创业型企业组织韧性的形成、成熟和提升，提高创业型企业组织韧性的水平，提高创业型企业综合的组织能力，使创业型企业能够有效预测、缓解和预防即将到来的危机（Eberl and Haase，2019）。

总之，在乌卡时代中塑造创业型企业的组织韧性，需要在所在企业的组织架构、企业文化、企业战略、财务资源、人力资源开发之间进行高层次、高水平的整合，从而实现创业型企业的可持续发展。

五、组织韧性对创业型企业的绩效影响

用组织韧性来应对乌卡时代的各种挑战作用显著，那么组织韧性对创业型企业的整体绩效是否带来提升呢？研究显示，组织韧性对组织绩效的提升具有明确、显性的正向影响。一般而言，组织韧性较强的企业往往具备较强的灵活性、弹性、洞察力和应变能力，这些企业能够比其他企业更早洞悉外部环境中的风险和动荡，及时做出预判，并且能够在乌卡情境下做出动态调整，有效地整合资源，应对挑战和危机。这些企业善于把不利因素转化为有利因素，创造更好的绩效。另外，韧性较强的企业在面对不利环境的时候，往往能够从积极的视角去看待危机，做出发展性、创造性、辩证的解释，能够将危机转化为契机。当从认知层面将危机理解为机会时，人们往往会摒弃它带来的一部分心理压力，从而达到提升绩效的效果。

第四节　相关理论的贡献

通过前述对乌卡、组织韧性、创业型企业相关理论的梳理，本书研究发现：

第一，组织韧性理论的整体性思维和系统性思考有助于企业全面应对乌卡时代的各种挑战。与商学院常见的传统理论不同的是，组织韧性理论的视角没有采用西方常见的解构思维去看待危机，而是用整体、系统性的思维去思索如何应对危机。这更加具有哲学的高度和意味。采用解构思维应对危机，往往要警惕短板效应，而采用系统全面的思维去构建组织韧性，则首先从整

体视角去提升企业的危机处理能力、危机下生存的能力、危机下可持续发展的能力。在乌卡时代，借助外力寻觅各类诀窍、最佳实践等支持和帮助，总归会力有不逮。作为创业型企业，不如提升自身能力，求人不如求己，当企业反求诸己的时候，就首先从思想上成熟起来了，然后通过修炼内功，积极塑造组织韧性，这就如同为组织打造一套强大的免疫系统，以不变应万变，以抵挡各种危机。所以，组织韧性理论的内涵与中医的理念有些类似，当整体的免疫力增强之后，则邪气不侵，人不容易被病魔打倒，企业也不容易被危机拖垮。

第二，组织韧性理论和组织韧性框架模型为帮助我国企业应对乌卡时代错综复杂的经济环境，实现我国企业从"大到强大"的转型提供了新的价值引领。改革开放以来，我国企业在较短的几十年间实现了规模上的崛起，但在价值创造方面尚缺乏令人信服的表现，我国企业也较少具备国际竞争力的品牌，而拥有一定数量的具备高资本投资收益率、价值创造可作为典范、国际竞争力较强的企业是高质量发展的核心要义。如果说国内企业在规模上的崛起是完成第一次长征的话，那么在我国经济进入新的发展阶段后，随着经济增长逻辑和商业模式发生变化，视野更加开阔、更具备创新精神的我国企业将开启第二次长征，实现从"大到强大"的飞跃。组织韧性理论帮助我国企业重新思考如何改变传统的价值增长模式，如何用新的思维和视角去创造价值。也就是说，在乌卡时代，我国企业不仅要思考如何在国内竞争中领先，还要思考如何在国际竞争中具备可持续发展的优势，思考如何塑造更多享誉国际的中国品牌，为中国制造向中国创造、中国智造转型以及中国由制造业大国向制造业强国转型做出贡献。这些课题的底层逻辑是，我国企业不仅要在乌卡时代活下来，还要活得好、活得强大、活得持续强大。这恰恰是组织韧性能够赋予中国企业的力量。

第三，组织韧性理论和组织韧性框架模型为企业经营者和企业管理者带来了问题诊断的框架和逻辑。2019 年按营业收入标准衡量的全球规模最大的

500 家企业暨全球 500 强企业中已经有 129 家企业来自中国，中国的全球 500 强企业数量也首次超过美国。同时，我们也看到一直以来拉动我国经济持续快速增长的很多因素已经开始式微。经济的结构性失衡、经济增长的动能转换、乌卡时代的各种挑战等使继续依靠加大要素投入获得增长的传统逻辑受到了挑战。这种陈旧的模式已经不能够适应当下及未来的时代。我们也关注到，近几年中国企业在全球创新 50 强企业榜单的排名虽然有所提高，但是所占席位和数量占比并不算高。创新在一定程度上是企业的核心竞争力，我国企业除了少数几家在创新 50 强榜单中占据显著位置，很多企业在创新方面乏善可陈。我国企业在未来很长一段时间里都将面临各种意想不到的乌卡挑战，企业领导者也不得不持续思考如何领导企业穿越危机，保持成长、保持可持续发展。组织韧性理论和组织韧性框架模型为企业经营者和企业管理者带来了问题诊断的框架和逻辑，帮助企业经营者和企业管理者从战略、资本、领导力、关系、企业文化几个方面入手，对自己的企业进行自我诊断，分析其与高韧性企业存在哪些差距，还有哪些短板和不足，从工具和方法论层面找出明确的抓手。

第四，组织韧性理论和组织韧性框架模型为企业获得可持续发展提供了新的视角和问题解决方法。企业是市场经济的主体，每一家企业从诞生之日起都希望基业长青，成就百年辉煌。但在市场经济中，面对浩瀚的商海，总有企业能够披荆斩棘，战胜艰险，成长为行业标杆，也总有企业长不大、经不起打击甚至一败再败，短命而亡。很多百年企业获得持续发展、屹立不倒的重要因素就是具有强大的组织韧性。组织韧性理论和组织韧性框架模型为还不够强大的企业提供了问题解决方法，为已经遇到、正在遇到、将要遇到危机的企业提供了一个有益的思路，帮助更多企业更好地应对挑战和处理危机。

第五，组织韧性理论和组织韧性框架模型有效地解决了企业解决问题过程中的认知迷失和选择困难。组织韧性理论是整体的、系统的、全面视角的理论，组织韧性框架模型是具体的、实操性的、指导性的方法论和模型，两者可以有效避免企业深陷各类理论、模型、解法而导致认知迷失和选择困难。很多企业在遇到问题、解决问题的时候，很难不被各种纷繁泛滥的信息所困扰，进而无从选择。此起彼伏、前赴后继的各类管理思潮往往让企业经营者和企业管理者目不暇接。绩效管理思潮、目标管理思潮、领导力理论、扁平化管理思潮、学习型组织理论、无边界组织思潮、组织发展理论、OKR理论、人力资源的三支柱模型、阿米巴组织理论、休克疗法、互联网思潮、平台型组织……各类管理思潮、理论和组织随着时代的发展不经意间就会叩开我们认知的大门。很多企业的经营者和管理者积极拥抱和学习这些新的理念，付了不少学费，花费了不少精力，唯恐自己不知，唯恐自己落后于时代。也有很多企业的经营者和管理者在学习之后积极付诸实践，动辄进行一轮组织变革，开展一轮组织架构调整，组织被折腾得不轻，还要坚持拥抱变化。而每当结果不如预期时，他们就会立即投入一个新理论的学习，以期解决企业的问题，如此循环很容易导致企业经营者和管理者认知迷失和选择困难。事实上，很多组织和管理理论的内涵和主旨是相似的，只是被提出的视角、阐述的方式有所不同，如学习型组织理论与组织韧性理论就有相似之处，运用学习型组织理论照样可以解决很多乌卡时代的棘手问题。如果仅仅涉猎皮毛，没有深入的理解和运用，再完美的理论也解决不了企业的实际问题。相反，专精于一个适合的理论，学透用精，反而会更有收获。

第六，轻足迹组织相关理论为企业适应乌卡时代的各种挑战提供了演化方向。如同人一样，企业也需要演化。轻足迹组织的特征和轻足迹组织管理的特征分别为未来适应乌卡时代的组织和适应乌卡时代的组织管理者提供了较为明确和清晰的画像，使企业经营者和管理者不再囿于金字塔式组织中的规则和约束去思考问题，开始以更加开放、更加包容的姿态崇尚合作，从更加放权的视角去适应乌卡时代。轻足迹组织打破了很多传统的、固有的、僵化的科层制组织认知，比如组织中强调管控、强调等级、崇尚权威、自上而下进行管理、敬畏权力、强调集权，也在一定程度上矫正了很多科层制组织的弊病，如"一言堂"、存在"部门墙"、鞭打快牛、彼得原理、等级森严、格雷欣法则、存在信息壁垒、缺乏活力、组织功能失调等，同时也促使企业经营者和管理者深刻反思，为什么传统的组织形态在乌卡时代的挑战下失去了功能和效力，为什么传统组织形态难以激发企业的活力和动能。轻足迹组织为未来组织的发展提供了新的价值引领和演化方向。

第五节　相关理论的不足

乌卡相关理论、组织韧性相关理论、创业型企业相关理论有很多优势，同时也存在一定程度上的不足，以致在指导实践的时候存在一些盲点和空白，主要有以下六个方面：

第一，组织韧性理论和组织韧性框架模型本土化应用和实践的研究尚存在不足。关于组织韧性的理论研究多以西方国家和成熟经济体为研究对象，缺乏对发展中国家和新兴经济体的涉猎。很多发展中国家经济基础薄弱、危机管理和应急管理不够系统、不够完备，相关经验也较为缺乏，所以更容易受到各类突如其来的危机事件的影响。特别是我国企业，可能在管理实践中有一些应对乌卡时代各种挑战的实战方法和策略，但大多数是具体的、经验性质的、一事一策的，是企业内部智慧的反应和体现，这些方法和策略往往缺乏普适性、推广性和系统性，尚未形成系统性、严谨的理论体系和框架。组织韧性理论和组织韧性框架模型在国内应用和实践比较少，所以针对组织韧性理论和组织韧性框架模型应用和实践的研究也比较少，相关素材和资料并不多见。

第二，现有文献、书籍、学者等对于组织韧性和组织韧性框架模型进行的理论性研究较多，实践类研究较少，缺乏对我国创业型企业组织韧性特点的研究和总结。我国不同的创业型企业在乌卡时代的各种挑战中表现出了截然不同、具有自身特色的组织韧性。国内大部分有关组织韧性的研究集中于组织韧性的概念、特征、调节变量、影响因素、作用机制、效果等理论方面，且多见于成熟企业和大型企业，对于我国企业特别是占比较高的创业型企业组织韧性的特点和基因的研究则鲜有涉猎。对组织韧性实践方面的研究，需要深入企业管理实践当中去，需要对企业作为商业组织的运作方式和营利模式有深入的了解，需要对企业的经营管理活动有深刻的洞察，需要长时间跟踪企业的发展变化，跟踪企业所在行业的竞争态势变化，跟踪企业核心技术领域发生的创新和突破，需要从一定程度上把握和前瞻行业的未来发展趋势。如果不能深入企业之中，这些方面是很难实现的。

第三，现有研究缺乏对乌卡时代、组织韧性和国内创业型企业三个方面的有机整合，更多的是独立研究或两两结合，如乌卡时代与组织韧性的结合研究，乌卡时代与国内创业型企业的结合研究，将三者结合在一起的研究少之又少。乌卡时代的挑战与组织韧性的应对本身契合度较高，我国创业型企业面临的乌卡时代挑战最大，自身的脆弱性和成长性使其对组织韧性建设和塑造的需求最迫切，动机最强烈，同时组织韧性的基础也相对薄弱。将三者结合进行研究，是对每个单方面课题深入探讨之后再进行有机整合，有针对性地进行协同探索。

第四，有关组织韧性理论和组织韧性框架模型的横向研究较为常见，纵向研究则很少。在现有组织韧性方面的研究中，多见组织韧性在不同企业之间的横向比较研究，类似的视角将企业的组织韧性视为一个静态的整体，或者选取企业组织韧性的某一发展阶段剖面进行研究，缺乏组织韧性的动态视角和发展视角的研究。而对企业进行纵向研究，特别是长期的跟踪研究将有助于弥补这方面的不足。组织韧性本身有稳定的部分，也有动态发展和持续演进的特征，关注组织韧性的演化历程是洞悉企业组织韧性建设和发展值得关注的切入点。

第五，我国企业特别是创业型企业应用组织韧性理论和组织韧性框架模型的经验少有研究，有待总结。在管理实践中，组织韧性理论和组织韧性框架模型是否适用于大部分中国企业？组织韧性理论和组织韧性框架模型与其他组织管理理论一同在企业中使用是否会造成干扰和冲突？不同理论的使用如何设计优先权？我国企业如何利用组织韧性理论和组织韧性框架模型建设企业自身的组织韧性管理体系？如何解决跨文化障碍，使组织韧性的建设和成熟达到预期效果？在管理实践中，企业的组织韧性是否越强越好？如何对组织韧性水平和组织韧性成熟度进行量化评估？如何对组织韧性水平和组织韧性发展成熟度进行长期跟踪？我国企业在运用组织韧性理论和组织韧性框架模型时应该注意哪些问题？我国企业在管理实践中对组织韧性理论和组织韧性框架模型是否存在认知差异和理解误差？如何解决此类认知差异和理解误差？组织韧性理论和组织韧性框架模型是否存在作用边界和应用的局限性？我国企业运用组织韧性理论和组织韧性框架模型，能够为组织韧性相关理论发展带来哪些启发和贡献？这些都值得思考和总结。

第六，轻足迹组织对于组织特点的归纳和分析是属于描述性质的，缺少从传统组织向轻足迹组织转型或改造的路径、措施、具体应用及实践案例。轻足迹组织与同一时期出现的新型组织如扁平化组织、虚拟组织、无边界组织等某种程度上具有相似性，并且很长一段时间以来平行存在，在应对乌卡时代的各种挑战时如何衡量轻足迹组织和其他新兴组织效果上的区别？这部分内容有待进一步探索和研究。

第三章 ZM 公司组织韧性管理现状

如前文所述，本章在国内创业型企业中选取了较有代表性的 ZM 公司作为研究样本。接下来将结合企业生命周期理论、组织韧性理论和组织韧性框架模型，纵向分析不同发展阶段 ZM 公司的组织韧性剖面，以典型案例、典型场景的形式加以呈现。具体将 ZM 公司的组织韧性分为三个阶段加以阐述：韧性 1.0 阶段——梦想驱动、磨合默契的韧性萌芽期（2017~2019 年）；韧性 2.0 阶段——创新启航、狂飙突进的韧性发展期（2020~2021 年）；韧性 3.0 阶段——痛定思痛、螺旋上升的韧性内省期（2021 年下半年至今）。

第一节 韧性 1.0 阶段——梦想驱动、磨合默契的韧性萌芽期（2017~2019 年）

一、背景描述

2015 年，我国启动了"十三五"国家重点研发计划"智能机器人"重点专项，并于 2017 年开始实施。从人工智能领域的发展趋势来看，国家面向

2030年的15个重大科技项目涉及很多领域，其中智能制造和机器人重大工程是千亿级的国家工程。2015~2019年是我国人工智能领域自清洁机器人行业的萌芽期。其中，2016~2018年，代表性单品扫地机器人的零售量复合增长率达49%，增速远超其他家电品类。可以肯定的是，行业渗透率将随着产品的完善加速提升。而从长期来看，这类刚需产品前期年销量和人均收入水平高度相关，稳态销量取决于渗透率和使用年限。倘若未来扫地机器人可以解决中国家庭花长时间扫地拖地的痛点，那么不排除扫地机器人的渗透率能够达到80%以上。考虑到具备自清洁功能的扫地机器人功能的重合性，保守假设渗透率达到50%。在销量方面，按照中国目前约5亿户家庭的数量，假设5年为更换周期，年销量可达5000万台。在空间方面，从长期来看，此类产品的市场规模可达千亿元以上。

从行业属性上看，自清洁机器人行业是技术驱动型行业。2017年以来国内自清洁机器人产业出现明确的分工协作，由垂直一体化模式走向研发设计和生产制造相分离的模式，并诞生了若干家有"颜值"的产品设计公司。由此，国内自清洁机器人行业进入创新爆发期，行业成长拐点加速到来。可以预测的是，随着自清洁机器人产品在功能上的日趋完善，"解放双手"将成为刚需并带动品类渗透率的迅速上升。

随着行业的发展，国内企业已逐步成为新一轮技术创新的主力，很多企业的产品生产模式已经从代工走向自产。2019年，ST、KWS等国产品牌正不断蚕食传统霸主美国iRobot的市场份额，两者在欧洲的市场占有率分别为9%和6%。在美国市场，国内品牌正利用新冠疫情带来的发展机遇，加速投入新品研发设计，发展势头强劲。值得注意的是，扫地机器人尚未成为大众化消费品，在中国和美国的渗透率均不算高，其中2019年美国的产品渗透率为12.5%，中国的产品渗透率仅为3%。由此判断，市场空间还大有可为。

长期以来，早期入局的KWS品牌和ST品牌在国内自清洁机器人行业占据优势。2019年，KWS品牌扫地机器人以市场占比38.2%遥遥领先于其他品牌。XM 品牌位列第二，市场份额为 9.1%，ST 品牌所占的市场份额为 9%，排名第三。ZM 品牌的排名从初期的名不见经传到快速上升到第 10 名。在这个赛道里，既有以凭借扫地机器人成名的技术创新导向的厂商，如 KWS、ST，也有传统家电企业扩充品类或技术转型来瓜分市场的一类，比如 XM 等，还有 ZM 这样的初创公司，凭借研发、销售渠道、工业设计或成本优势等在短时间内成为行业黑马，快速成长。整个行业呈现出群雄逐鹿的格局。

在这样的行业背景下，ZM 公司在 2017 年成立之初，便把目光投向了人工智能领域，更具体地讲，是广义机器人领域，但选择了一个细分赛道——自清洁机器人行业，然而选择扫地机器人作为主打核心产品，在创始团队眼中，却并不是一个一开始就一拍即合、众望所归的决定。

2017 年初，ZM 公司的创始人兼 CEO YH 意气风发，自其大学期间创立校内创业机构，研发各类飞行器到小有所成已经 5 年有余。回想从儿时自己动手绕马达改装四驱车，到大学期间多次参加各类航模大赛，再到发明四旋翼飞行器，他在创新的路上越走越远，一切所想所做都是源于对科技发明的梦想与热爱。自国家倡导"大众创业、万众创新"以来，大批创业者涌入创业大潮中勇于尝试、各显身手，各地政府更是出台了一系列政策帮扶和支持创业者，包括资金、技术、场地方面的支持，税收、费用方面的减免，各种免费的创业指导、培训、交流大会等。相对于市场环境更为宽容、经济形势更稳健的前几年，现阶段创业已显得越来越难，创业成功的概率依然不算高，变数也更多，"成三败七""九死一生"的命运轨迹依旧在很多创业型公司身上上演。但梦想还是要有的，万一实现了呢？在梦想的驱动下，YH 各种新的想法和构思一直层出不穷。长久以来，创办一家技术公司的愿望似乎到了该实现的时候。那么这家公司的画像应该是什么样子呢？众多赛道中，哪个行业、哪类产品有利于创业型公司快速打开市场局面、脱颖而出呢？

相关人物情况如下：

创始人兼 CEO YH：30 岁左右，毕业于国内一流大学物理学专业。学生时代因成绩优异，经常参加各类航模竞赛及创新发明大赛而被保送进入名牌高校；天之骄子、敢想敢做，具有理想主义情怀；聪明，充满好奇心，相信技术能改变一切；在研发主导的制造业企业的价值链中，比较熟悉研发和产品，拥有对研发和产品的专业判断力和敏锐的洞察力；没有职场工作经历，大学期间即尝试各类创新项目，毕业后尝试过一些创业项目，均围绕航空航天相关的发明创造；对自清洁机器人领域不够了解，此番是第一次成立公司，开始正式创业。

联合创始人 DL：28 岁，ZM 公司创始团队的核心成员，高层管理者，理工科专业背景；职业生涯早期在自清洁机器人行业较早入局的 KWS 公司任职，熟悉 KWS 公司，也在传统家电行业 MD 公司工作过；对于传统制造业和研发驱动的科技型制造业比较了解；在研发主导的制造型企业的价值链中，比较熟悉生产、工艺、供应链；做事较为严谨、雷厉风行；属于 ZM 公司里自清洁机器人领域的内行人士。

联合创始人 WP：29 岁，创始团队核心成员，高层管理者，理工科专业背景，进入 ZM 公司之前从事人力资源培训工作，后创办猎头公司，有一定运营小微创业型公司的经验；善于捕捉创投圈子的风向标，人脉较广；对自清洁机器人领域不够了解。

研发负责人 CXW：30 岁左右，创始团队核心成员，高层管理者，国内著名理工科院校毕业，物理学专业，是 YH 的大学同学；热爱发明，钻研型工程师，技术控，握有不少发明专利。

产品负责人 LJ：30 岁左右。创始团队核心成员，高层管理者，国内著名理工科院校毕业，物理学专业，YH 的大学同学；低调内敛、不善言辞，热爱发明，钻研型工程师，技术控；产品思维较好，较为擅长研发和产品方面。

客服负责人 YL：33 岁左右，2018 年加入 ZM 公司，中层管理者，职业经理人，本科学历；同行业竞对 KWS 公司的原客服经理，经验丰富，熟悉行业和产品，专业能力优秀，认真负责，兢兢业业。

中国区总经理 WH：40 岁左右，2019 年加入 ZM 公司，高层管理者，职业经理人，硕士学历。他是同行业竞对 KWS 公司的原产品负责人、销售负责人，曾长期供职于 KWS 公司，在这家公司激烈的竞争中脱颖而出，获得连续晋升，谙熟这家行业巨头的产品、研发、营销情况，之后在行业中声名鹊起而被某同行业公司挖走，担任该公司中国区负责人。WH 先生因机缘巧合来到 ZM 公司，工作履历丰富，专业能力和管理能力俱佳，勤勉高效，拥有对行业发展的敏锐洞察力和准确的判断力，属于行业精英。

电商销售负责人 JC：36 岁左右，2019 年加入 ZM 公司，中层管理者，职业经理人。本科学历，曾任同行业公司 XG 科技的电商销售负责人；对数字敏锐，思维缜密，擅长数据分析和销售预测，经常在年度、月度、项目类的各类销售规划中做出精准预测，专业能力突出，获得下属拥戴；管理风格亲和，平易近人，经验丰富。

销售管理部负责人 YK：38 岁左右，2019 年加入 ZM 公司，基层管理者，职业经理人。本科学历。

京东渠道销售运营 DR：29 岁左右，本科学历，2019 年加入 ZM 公司；一线员工，熟悉京东、唯品会等主流电商平台的销售运营；年轻、有冲劲、敬业。

二、典型场景

1. 立业之基，如何选赛道？——战略韧性关乎安身立命

以 ZM 公司创始人兼 CEO YH 为核心的一个小型创业团队聚集在刚刚正式成立不久的 ZM 公司最大的会议室内，围绕"ZM 公司的立足之本是什么"？"以现有团队和优势，应该选择哪条赛道，做什么产品，进军哪个领域？"为主要探讨话题，开始了第一次真正意义上的战略讨论。

"长期做难而正确的事，做世界上最好的科技公司。这是我一贯坚持的。飞行器、自动驾驶汽车都是很不错的方向，未来的发展前景很广阔。试想，

一家刚成立的公司以充满设计感的高端技术产品为核心，是件多么酷炫的事儿!"创始人兼 CEO YH 首先发言，给战略讨论会定了个基调。

"从长期来讲，这两个领域确实都非常有发展前景，而且目前从国内企业的参与度来看涉足不多。如果我们有足够的优势捷足先登，是可以取得先发优势的。可是目前考虑到我们的资金情况，需要找到一个短期内能够盈利的赛道，有了盈利能力，再考虑远期的发展会更有利。以我在 KWS 公司几年来的工作经历以及对自清洁机器人行业的观察，目前这个领域还是一片蓝海，进入的厂家不多，很多公司还没有关注到自清洁机器人产品。只要我们在核心技术上有所突破，进入这个领域并获得先发优势是大有可能的。"联合创始人 DL 第一个发言。

研发负责人 CXW 第二个发言："可是，卖家电是不是太小儿科了? 家电企业那么多，也不缺我们一家，家电那个领域竞争又很激烈。""我们在电机方面取得的专利最适合应用在飞行器上，之前我们也一直聚焦航天动力和测绘感知的研发。这些军用类的技术用在民用领域实在是太大材小用了。我们好不容易拿到了投资，还不能做我们擅长的领域，让我怎么说服团队的工程师们? 这个自清洁机器人，我看就是个伪需求，现代人脑力劳动多，体力劳动少，扫个地还用机器人? 那花钱去健身房干什么? 这不是很矛盾吗? 难道家务劳动就不是运动了? 这个产品做出来谁来买啊? 这个市场太小众了吧!"

"在公司初始阶段，不要太保守，那样格局就太小了。要有胆量，只有志存高远才能取得长期优势。特斯拉做智能汽车也是史无前例的，当时也是从 0 到 1，不是也横空出世了? 我们要有想象力，不能畏首畏尾。资金是小事，只要有好的'Idea'，总会有投资机构投资我们的，而且核心研发团队之前一直把精力投入在航天动力和测绘感知的研发上，现在转换赛道，岂不是以前的积累都付之东流了?"YH 说。

会议室里大家一度陷入沉默，纷纷低头不语了。显然，创始人的话将大家的思考重点又聚集到了航空航天领域。过了一会儿，联合创始人 WP 打破了僵局："大家说得都对，从长期看，确实飞行器、自动驾驶汽车的行业'护城河'更深，专利壁垒可以塑造竞争优势。从短期看，进入家电领域门槛低一些，我们也更容易短期内实现盈利。以以往我的创业经历看，先盈利的话风险最低。公司项目一旦上马，各方面的资金消耗是很快的，特别是固定成本。所以，对于创业公司而言，活着才是最重要的。目前的经济形势对创业不是特别有利，投资机构能够放出来的资金确实没有前几年多了，这也会增加我们的融资难度。我想，是不是面对现实，让公司先活下来？"

DL 继续补充："有关扫地机器人的产品需求我觉得不是问题，目前所有'Z 世代''80 后'及'90 后'的需求和痛点是趋同的，需要生活闲适，需要解放双手。那些'90 后'和我们不一样，我们认为家务劳动可以锻炼身体，他们认为去健身房才是锻炼，干家务又不会长肌肉，也不会减肥。再说，现在收入高了，国民消费也在直线升级，更多家庭的居住面积越来越大，扫地和拖地在大户型住户来看劳动量大，而且现在老龄化也成了社会热点，对于老年人来说，住在 100 平方米的大房子里，打扫房间还是很吃力的。总的来说，对于这类扫地机器人，年轻人的诉求是用科技解放双手，老年人的诉求是代替部分体力劳动。"

CXW 回应："这么说是我家房子面积小，贫穷限制了我的想象力，想象不到消费者的痛点啊！"众人皆笑，会议室的气氛瞬间轻松了许多。

DL 打开 PPT，放起了投影："这是自清洁机器人领域的行业分析报告，大家先看看趋势图，我觉得这个行业是近些年一个很有潜力的新兴行业，机会难得，类似于当年的智能手机和互联网，错过了就追悔莫及啊。今年国内人均 GDP 超过 8000 多美元，预计 2020 年就能突破 1 万美元。这是第一个值得关注的时间点，扫地机器人的需求就产生了。从技术发展的角度看，扫地机器人在未来很可能是家庭智能化的一个端口，它的功能多元化是迟早的事儿。比如目前做物联网的，用 wifi 把大家电、小家电都连接起来，但大部分都是伪需求，智能音箱也算在内。以后这类需求就聚焦在两个端口：一个是扫地机器人，因为它使用频率高，并且能够储存足够的家庭数据；另一个就是宠物机器人……目前进入该行业，以我们现有的研发能力，先去做一个'DEMO'，再去匹配供应链和代工厂，两年内盈利是有可能的。从行业发展趋势上预测，这个行业五年内肯定会百花齐放，五年后还可能出现马太效应，赢者通吃，那时候进入就晚了。目前就是抢占先机的时候。机会稍纵即逝啊，同志们！"

看着 DL 迫切的表情，再看了看行业报告，LJ 说："如果我们把高配的电机用在民用领域，换个角度，这也是一种降维打击啊，意味着我们的电机很可能是行业里转速最高的，这就是产品卖点啊。从消费者角度看，讲太多技术消费者也不一定记得住，但消费者会看参数，以国人的消费心理来讲，参数高还是普遍受欢迎的。在扫地机器人这个领域，据我之前不够全面的了解，好像现阶段海外的品牌，如美国的 iRobot 的产品力已经落后了。海外品牌在中国的影响力也下滑了不少，竞争力也不如以往了。海外品牌的产品更新迭代节奏要比国内慢，一些海外品牌还没有涉入智能化领域。海外现在正处在从功能机到智能机替换的窗口期，如果纯粹从商业视角考虑，这也是我们的机会所在。而国内在智能化方面已经起步较早了。在飞行器这个领域，虽然我们做了很多攻坚，但国有企业在这方面的投入远远超出民营企业，我们不妨用田忌赛马的策略，以弱胜强，在市场空白点上通过小规模的投入、试错验证商业逻辑，成功后再推广。这样风险更小，成功的概率可能更高。既然创业了，就不要怕错。"

DL 立刻回应："同意，LJ 这个产品经理对行业的感觉很敏锐啊。另外，据有关机构预测，人均 GDP 超过 1 万美元的时候，中国就正式进入中等偏上收入经济体行列了，而我国目前人均国民总收入已接近高收入国家门槛。高端消费者对享受型、消遣型消费品关注度较高，家电行业是大众消费品行业，有热度，行业蛋糕还是足够大的。我建议分两步走吧。短期内，如 1~2 年，先做扫地机器人，争取早日实现盈利，然后再启动长期的电动汽车或飞行器的研发。至于飞行器的技术积累，如果资金允许的话，我建议我们可以在北京设立一个小规模的黑科技实验室，放一些研发人员继续攻坚，获得专利就继续申报，作为持续的技术积累。其他大部分研发人员投入扫地机器人的研发。公司步入正轨后，也需要招募大量的研发人员，我这边也有之前的同事打算跳槽，他们的经验能帮助我们短期内攻克自主研发的难关。国内的供应链和制造体系非常成熟，我国在人工和成本方面还有优势，无论先从国内市场做起，做强品牌后再出海，还是先从海外市场做起，打响品牌知名度后再进军国内，都是切实可行的策略。我有信心这条路我们能走得通！YH，如果您不放心，我愿立下军令状，如果三年内扫地机项目无法实现盈利，我就引咎辞职！"

在场的人员都鼓起了掌大家纷纷表态："我愿意试试！""机会难得，试试看吧！"

WP 补充道："往最坏的角度想，反正我们是创业期，如果这条路走不通就换条路，船小好调头。很多创业公司也是'摸着石头过河'。我们现在尝试，其实试错成本是最低的。"

"如果大家都这样认为，那我也同意吧。不过我的要求是，必须设立一个时间点，截至 2019 年底，如果不能实现盈利，我们就不做扫地机器人了，这是底线。你们想做田忌，就要敢赌能赢。归根结底，我想不管做什么产品，我们都要成为一家很酷的、以发明创造为导向的公司，为消费者创造最大的价值。这是我们成立 ZM 公司的初衷。"YH 说。

这次战略会后，ZM 公司的行业赛道和核心产品明确了下来，公司全体员工的努力方向达成了一致。ZM 公司的未来发展目标也随着研发取得了一系列突破而越来越清晰了。

2. 充分放权，合作无间——开局势如破竹，领导力韧性功不可没

在 ZM 公司的战略会后，创始团队开启了围绕自清洁机器人研发的各项筹备。不久，以扫地机器人为核心的产品研发团队正式组建起来了。ZM 公司也开启了快马加鞭搞产品研发的阶段。2018 年的一天，研发负责人 CXW、产品负责人 LJ、联合创始人 DL 在 ZM 公司所在科技创新园区的二楼食堂碰面了。

研发负责人 CXW 刚刚点好餐，坐下就首先发言："我替你们点好了菜，都是大家爱吃的。今天碰到真不容易，这段时间没去上海出差，就忙着在公司产品攻坚了。转眼一年过去了，目前产品到了试产阶段，如果试产通过评估，后面量产就指日可待了。"

联合创始人 DL 说："是啊，我前段时间一直跑几家代工厂，之前试产的几款产品工艺上还得改进，要不过一段时间量产，恐怕产能跟不上啊。"

产品负责人 LJ 问："对了，YH 去哪里了？什么时候回来？试产评估他得参加啊。"

DL 说："哦，这几天 YH 出差去了北京分公司，主要到那边的黑科技实验室看望研发的兄弟们，再去拜访一下北京的投资人，不清楚什么时候参加试产评估，我刚发了微信提醒他试产评估的时间。我正好下午打算去你们研发中心和产品中心，代表创始人问候一下两个部门的同事，最近同事们都太辛苦了，天天加班搞到很晚，披星戴月的，不容易啊！你们对晚上的夜宵还满意吗？"

"当然满意，行政部门想的这个福利方案特别好，产品经理们都很喜欢，大家可以自选加班餐，或者到楼下去领糕点和酸奶，或者在美团上自选外卖，由公司账户支付。"LJ 回应道。

"哦，对了，听团队的工程师说，好像对于研发和产品攻坚阶段的项目组成员，如果晚上加班时间超过 20：30，打车回家公司给报销，是吗？"CXW 问。

"是啊！你咋没看通知呢？上个月发的通知了，你咋才知道？"DL 回答。

"我上个月不是在上海出差吗？我发现最近公司真给力！高新区这里晚上人烟稀少，我们团队测试工程师都是女孩子，还是打车回去安全些。"CXW 说。

"那是当然，大家团队凝聚力这么好，心这么齐，为 ZM 的第一款产品付出了这么多，多些体恤是应该的。关键是 YH 放权。加班餐和打车报销本来公司就有这个想法，那天正好行政部门开会也提了，就一拍即合，第一时间策划安排了。稍等，YH 回微信了，他回复不用什么事儿都需要他在场，试产的事儿让相关部门负责人到场，拍板就行，他对大家充分相信。"

"这么说，我们不用等 YH 回来就可以评估了？我们这边准备差不多了，能提前到周三进行评估。四个小组的组长都提前完成了项目。我出差期间他们效率更高，我也不能一步一把关，年轻人很有想法，就放开手脚让他们去干吧！"CXW 说。

"我们周三也没问题。产品团队和项目团队都期待产品早点量产，早日上市。"LJ 同时说道。

DL 回答："太好了，真是快马加鞭啊！那就周三。你们两位把团队带得不错，再接再厉！"

2017 年 ZM 公司成立之后，最忙碌的就是研发和产品部门。对于科技型制造业企业来说，他们是突破的关键。而对于智能清洁机器人领域来说，马达是最重要的心脏，ZM 公司的研发部门从被国外垄断的最核心技术开始切入与突破，在已具备的动力学科研的基础上，自研高速数字马达，打磨超越世界领先水平的科研实力，从成立之初就将核心技术做到极致，于 2018 年推出了一代扫地机器人，并在当年完成试产，2019 年量产了第一批扫地机器人产品，并于同年在代工生产的同时自建生产线，实现了无人自动化生产，即"黑灯工厂"，打破了制造产能的瓶颈。ZM 公司在消费者应用领域将马达技术做到最顶尖的同时，率先将以 SLAM 为代表的智能算法结合不同应用场景的高速数字马达，逐步应用在智能清洁、机器人等消费需求场景领域，取得了一系列势如破竹的突破。

3. 消费者的反馈是我们前进的动力——关系韧性的基石效应

2019 年"618 电商节"刚刚结束，销售中心、客服部、质量部、销售管理部几个部门按照惯例开了项目复盘会。几个部门摩拳擦掌、拭目以待，都在等待销售管理部最后的汇总数据。ZM 公司成立以来，已于 2018 年 11 月完成了 ZM 品牌首款扫地机器人的研发；并于 2018 年底完成试产，2019 年 4 月开始量产，5 月开了新产品发布会，产品预热，"618 电商节"全网首发销售。

销售管理部的数据终于千呼万唤始出来。销售管理部负责人 YK 先生拿着新鲜出炉的 PPT 开始了汇报：天猫、京东、唯品会等主要电商销售渠道合计，按照"618 电商节"的时间阶段，开门红取得 534 万元的销售额，品类日取得 192 万元的销售额，高潮期取得 596 万元的销售额，累计 1322 万元。看到这个数据，在座的所有人瞬间沸腾了！对于一个新品牌来说，这是非常难得的销售额数据。YK 的声音淹没在了大家震耳欲聋的欢呼声中，好一会儿，会议室才恢复平静。YK 继续发言："好消息还在后面，在最近发布的行业排名榜上，我们已经上榜了，排在了扫地机品类的第 10 名！我们的自营店铺排在了全网第 11 名！"现场又一阵欢呼。YK 的发言又一次被打断。最后，原本 18 页的总结报告，YK 花了整整 35 分钟才讲完。现场的员工纷纷拿出手机把销售数据拍下来，开始发"朋友圈"。

当全体参会人员喜上眉梢的时候，销售负责人 WH 请客服负责人 YL 发言。

"扫地机器人无法识别我家宠物狗的排泄物，拖得满屋都是，臭气熏天，体验太差了！"

"怎么扫地机器人扫完了，地上还有那么多头发？犄角旮旯都扫不到，我还要手动清扫。这也太不智能了。”

"为什么按开关键不能正常开机，是死机了还是怎么了？"

"怎么扫地机器人要么左轮转，要么右轮转，就没有同时转的时候？"

"扫地机器人工作的时候噪声太大，吵得没法看电视。"

…………

"'618 电商节'大促期间，客服电话都要被打爆了，团队的同事加班加点，第一时间接听电话并回复。这是我们首批产品开售之后，消费者给我们的部分反馈。这里我剔掉了好的反馈，把问题呈现出来。虽然问题的比重不算大，但是因为是新品，还是请产品部门和质量部门的同事重视这些问题，尽快出具解决方案，并给客服部反馈。我们销量上去了，但问题也随之而来。我们反应得越快，客户关系的维护上就越主动。"YL 严肃地说。

负责京东渠道销售运营 DR 的脸色变了："这明显是消费者不懂产品嘛。扫地机器人这个行业还不成熟，产品还在不断完善中，并不能实现完全智能，头发难清理是再正常不过的事情了。如果能完全代替人工，产品也不是这个价位啊！再说，没法开机，重新拔掉电源再启动就好了，有什么大惊小怪的，电脑还经常死机呢！要是什么鸡毛蒜皮都是问题，我们销售还没法卖货了呢！本来 6.18 产品卖断货，销售管理部追着下单补货，大家都挺开心的，这些有必要在复盘会上说吗？给大家泼冷水……"

还没等 DR 说完，电商销售负责人 JC 打断了她："小 D，先停一停。现在是我们发现问题、正视问题、解决问题的时候，不能太卖方视角了。YL，你提醒得对。我们虽然是销售，但是不意味着产品卖出去就结束了。产品、销售、质量、客服是一体的。销售方面，我们在店铺详情页里再做个迭代，把过度渲染产品功能的内容做个修改，引导消费者理性看待产品还不够完美、不够智能的功能项。"

"好，我也尽快请用户把有问题的机器寄回来，售后维修第一时间检查下到底哪里出了问题，是产品端还是生产端，抑或是运输途中出了问题。"

YL 补充到。

在场负责质量方面工作的同事也立即做了记录，准备问题机器一回来就去检修。

最后，中国区总经理 WH 总结道："产品售卖以后，除了销量、销售额，各部门一定要密切关注 NPS、返修率、退货率这三个指标。客服部做得很好，第一时间跟各部门分享了消费者反馈。消费者的反馈是我们前进的动力。如果我们只关注自己部门的 KPI，那销售部关注销售额就行了，所有问题、压力都会集中在客服和质量两个部门。这不是一个团队，也不利于跨部门协同。如果我们前期跑太快，只顾着销量，不管售后，那随着产品售卖，会逐步累计消费者口碑，后续产品就没法卖了。所以，消费者的反馈必须重视！另外，我们要能够客观评估消费者的认知能力，我们不能期望消费者是这个领域的专业人士，了解人工智能的技术瓶颈。我们既然售卖了产品，就要保证功能的可靠，否则还不如不卖。目前扫地机器人产品的核心是初步解决了国内用户对扫地的需求，除了扫地还有不少功能痛点，像噪声大、难以清洁到边边角角等，这些问题都是我们要去解决和进行创新的方面，产品的成熟方面还需要很长时间去完善。用户不会仅仅为了'简单'去消费，一定在功能上有更多的需求。这些功能需求就是我们研发和改进的动力。"

会议结束后，在 WH 的推动下，产品部后期要参加所有销售项目的复盘会，第一时间获悉消费者反馈。同时，中国区确立了以产品部、质量部、客服部、品牌部四个部门为主的联合会议机制，发现问题，及时解决，第一时间处理客户投诉，并定期将客户关心的问题汇总起来，形成项目管理机制，有针对性地集中解决。同时，在产品立项阶段启动消费者调研机制，重视对消费者不断变化的需求点的捕捉。一个系统化的客户关系管理体系开始逐步建立起来。ZM 的产品与消费者的关系越来越深入，产品共创的态势逐渐形成，ZM 品牌的消费者口碑和 NPS 也越来越好。

三、韧性 1.0 阶段总结

在 2017~2019 年 ZM 公司的初创阶段，ZM 公司的组织韧性建设侧重于两个方面，即战略韧性和关系（客户关系）韧性，主要解决的是 ZM 公司安身立命的问题。正确的战略选择让 ZM 公司在竞争激烈的市场环境中找准了赛道，抢占市场空白，占得先机；客户关系韧性的基石效应避免了 ZM 公司战略决策上的短期视角和急功近利的心态。这一阶段两条路都走对了，但对 ZM 公司而言并不容易。因为核心创始团队是以研发人员为主的三十几个人，几乎没有商业组织运营的经历，也没有成熟的管理经验，而且 ZM 公司创立前积累的核心技术是在高速马达方面，专业知识积累是在空气动力学等相关领域，三十几个优秀的研发工程师，一大半是搞物理出身，创始人的远景理想在航天动力领域。可以说，ZM 公司最初的能力优势与选择的赛道相关度并不高，能走多远也不好预测，没有一定的勇气和魄力，很难走出这一步。所以，在这个阶段"摸着石头过河"，"今天无法预测明天发生什么事"是常见的状态。面对一个全新的行业，没有太多成熟的模式可以借鉴，很多时候是问题出现一个解决一个，一边干一边学，一边学一边干，错了就改，改了再学。在梦想的指引下，ZM 公司的员工敢想敢干，不辞辛苦，热情高涨，团队齐心，不计较得失，仅一年多的时间便攻克研发和产品的难关，并短时间内匹配供应链和代工厂资源，使产品达到可售卖的状态。同时，由于团队初创，新入职的员工之间、各部门之间、各办公地域之间还有很多方面需要磨合。历经了两年的磨合期，ZM 公司的价值链条基本完整，包括研发、产品、供应链、生产、品牌、市场、销售、质量、客服、职能部门在内齐心协力，已经初步实现自研、自产、自销。不仅部门协作，人员协作也逐渐形成默契。企业经营者和企业管理者的领导风格逐渐形成。然而，虽然组织架构已初见雏形，但是部门职责和岗位职责与很多创业型企业的初期阶段一样，并不很清晰，一职多能、一人多职的情况较为普遍。

第二节　韧性 2.0 阶段——创新启航、狂飙突进的韧性发展期（2020 年至 2021 年中）

一、背景描述

2020 年至 2021 年中，ZM 公司度过了初创期"摸着石头过河"的懵懂阶段，开始了快速发展。在这一期间，行业和市场也呈现出新的变化。

自清洁机器人领域整体的市场规模从 2015 年的 76 亿元快速增长至 2020 年的 240 亿元，年复合增长率为 26%。2019 年底新冠疫情暴发后，更多人不得不减少出行、居家办公。新冠疫情防控期间，医药医护产品销量暴增，成为人们居家隔离、日常防护的必备品。随着人们居家的时间越来越长，对卫生、清洁、消毒等方面越来越重视，智能清洁家电也受到了追捧，自清洁机器人行业正式异军突起。"懒人经济"的兴起推动了扫地机器人的普及，扫地机器人逐渐成为清洁电器产品中的一大重要品类。借着行业的东风，2021 年该品类销量已突破百亿元大关。同时，由于疫情因素和新消费人群的崛起，对扫地机器人的消费实现新一轮增长。由于"80 后""90 后"的年轻人普遍没有更多时间做家务，对各类科技产品表现出较为浓厚的兴趣，对科技新品的接受度也比老一辈快得多，因此像扫地机器人这种受新一代年轻人喜爱的家电产品一跃成为受欢迎的产品。

自 2020 年起，自清洁机器人行业的全球新进入者井喷，众多厂商纷纷入局。国内更是一派蓬勃态势：KWS 品牌、ST 品牌依旧优势明显，而且更新迭代速度加快，研发能力更强；XM 品牌的市场份额有所下滑；MD 等从传统家电行业或其他不相关行业进军自清洁机器人领域；YL、YJ 这些新兴公司也进入行业博弈，甚至传统的房地产行业也成立了新的事业部开始研发和生产扫地机器人。行业赛道越发拥挤。2020 年，机器人行业共融资 242 起，总金额达 267 亿元，其中扫地机器人占总比数的 13%。截至 2020 年 10 月，扫地机器人融资已经超过 10 起。几乎每个月都有扫地机器人企业完成千万元级别以上的融资。在行业排名上，ZM 公司由 2019 年的行业第 10 名进阶到 2021 年的第 8 名，取得了不错的战绩。

从技术角度看，中国是全球扫地机器人第一大技术来源国，中国扫地机器人专利申请量占全球扫地机器人专利总申请量的 95.85%；排在第二的是日本，日本扫地机器人专利申请量占全球的 1.12%。接下来是美国和德国，两者虽然排名分别为第三位和第四位，但是专利申请量与排名第一的中国存在较大差距。从发展趋势上看，2010~2020 年，中国扫地机器人专利申请数量稳居第一位。2020 年，中国扫地机器人专利申请量已将近 5000 项。

同时，宏观经济形势也带来不确定性。当前中国高科技企业不可阻挡地崛起，正在成为具有全球竞争力的世界一流企业，同时国内的很多制造业企业也在想尽办法转型升级，增加更多科技元素，不断提高生产力水平。这些在美国看来都对其造成严重的威胁。中美在人工智能制高点的相互角逐也到了关键阶段。对于智能机器人行业而言，部分核心部件如传感器、芯片以及算法供应受阻，对国内自清洁机器人产品的出货产生了较大影响。

相关人物情况如下：

DW 品牌负责人 ZWS：38 岁左右，高级管理者，美术专业，硕士学历；2018 年入职 ZM 公司，有多年知名家电企业品牌和市场的工作经历，并具有乙方咨询公司工作经验，为甲方公司提供过多个优秀的品牌市场方面的策划及方案；创意活跃、眼界开阔、有才华，管理经验丰富，为行业精英。

DW 品牌销售总监 LJ：43 岁左右，中级管理者，市场营销专业，本科学历；2019 年入职 ZM 公司，有知名智能硬件公司销售工作经历。

DW 品牌海外市场总监 ZBZ：36 岁左右，中级管理者，理工科专业，本科学历；2020 年入职 ZM 公司，有知名中国科技公司工作经验，有多年欧洲工作背景，对市场的洞察和判断敏锐、准确，经验丰富，职业化水平高。

京东渠道负责人 WP：35 岁左右，理工科专业，硕士学历；2018 年加入 ZM 公司，入职 ZM 公司之前有两段甲方工作经历，均在工艺、生产部门，没有销售和市场工作经验，管理经验缺乏。他与创始人 YH 相熟，由创始人 YH 推荐加入公司，负责销售中心中国区京东渠道的管理。

京东渠道销售运营 JJ：30 岁左右，本科学历；2018 年加入 ZM 公司，熟悉京东、天猫等主流电商平台的销售运营，为公司京东团队的老员工之一，认真、负责、敬业。

京东渠道销售运营 DR：29 岁左右，本科学历；2019 年加入 ZM 公司，熟悉京东、唯品会等电商平台的销售运营，年轻、有冲劲、敬业。

二、典型场景

1. 创新启航，从单品牌到多品牌——战略韧性发挥极致

在 2020 年的战略会上，已成立 3 年的 ZM 公司战略议题已经从如何生存过渡到业务规划及远景发展。会议也由最初的创始团队的集体决策制变为了汇报—决策制。本次年度战略会议首先回顾了 2019 年公司的经营情况。ZM 公司在 2019 年 11 月和 12 月的销售额分别破亿元，2019 年全年的销售额已超过 5 亿元，公司实现盈利的同时，品牌效应也开始显现，ZM 已成为行业里名副其实的新贵之一。关于 ZM 品牌的商业报道和行业关注越发多了起来。创始人兼 CEO YH 已接受过多家知名财经、科技类媒体的采访，各种赞誉扑面而来。随着 ZM 公司知名度的持续提升，不少应聘者也慕名而来。

会上关于战略分析的部分，分别采用 SWOT 模型、波特五力模型及战略组合矩阵进行了多视角分析。其中，从 SWOT 模型视角进行的战略分析如表3-1 所示。

表 3-1 ZM 公司战略 SWOT 分析

优势（S）	劣势（W）
①团队年轻，有激情、有活力、有干劲； ②研发团队攻坚能力较强； ③有自己的核心技术（电机、算法）； ④初创公司，灵活性高； ⑤产品具备一定的价格与质量优势	①制度、流程体系不完善； ②供应链管理能力不足； ③技术储备不足； ④产品开发流程较为混乱，项目管理能力不足； ⑤组织架构和职责分工不明确； ⑥品牌知名度不高； ⑦现有团队能力不够全面
机会（O）	威胁（T）
①中国品牌全球化输出接受度在增强，国际市场潜力大； ②中国家庭智能清洁产品普及率不高，国内市场潜力大； ③与供应商、渠道商等保持良好的合伙伙伴关系； ④外部较大的竞争对手（KWS、ST）扩张速度减缓； ⑤外部融资认可度高； ⑥多地政府给予优惠政策	①产品国际化通行受专利局限； ②行业低成本竞争对手迅速崛起，竞争加剧； ③个别竞争对手很可能会在 ZM 之前研发出 15 万转电机； ④产品交付受供应链、代工厂影响； ⑤公司对现金流的需求迅速增长； ⑥受疫情影响，新产品上市受影响

从波特五力模型视角进行的战略分析如表 3-2 所示。

表 3-2 ZM 公司波特五力竞争格局分析

新进入者的威胁	供应商的威胁
①YJ 等公司通过新细分品类产品弯道超车，抢占未来市场； ②在海外区域市场，本土家电品牌（如西班牙 Ce-cotec）通过整合 ODM 厂商资源，快速占领本地市场； ③JM 公司跨界进入扫地机器人品类； ④家电集团通过收购方式（JY 收购 Shark）进入扫地机市场	①OEM 厂商向 ODM 厂商转变，ODM 厂商向 OBM 厂商转变，变为直接竞争对手； ②关键技术供应商占据独有技术，溢价太高或者和竞争对手排他性合作； ③受国际局势和国家政策影响，部分关键技术（传感器/芯片/算法）供应被切断
购买者的威胁	替代产品的威胁
①重大品质事故会导致产品和品牌口碑崩溃； ②强势渠道推出渠道品牌产品，从客户变成竞争对手； ③重要渠道和竞争对手达成独家合作协议； ④下沉市场的营销玩法/触达方式发生变化，如兴起直播带货、KOC 卖货	暂未发现

续表

行业内部竞争
①行业头部公司 KWS、ST 加强营销投入，稳固提升市场影响力； ②家电集团品牌通过收购方案公司（JY 收购 Shark）快速提升专业能力，提升扫地机器人品类竞争力； ③强势品牌（KWS、ST 等）通过"资源倾斜+本土化研发/营销"方式，跨区域拓展； ④行业头部公司通过子品牌战略快速进入下沉市场（KWS 分化 YD 机器人品牌）； ⑤行业头部公司通过加大研发投入或者投资专门器件方案供应商，获得关键技术的领先优势（KWS 投资 JY）

由 SWOT 模型和波特五力模型引申的战略组织矩阵分析如表 3-3 所示。

表 3-3　ZM 公司战略组合矩阵

SO 策略（增长战略）	WO 策略（扭转战略）
①多产品线扩张，单产品线全面布局； ②ZM 品牌和子品牌全球化布局； ③ZM 产业园建设	①提升技术规划、产品规划能力； ②大幅提升先行技术中心技术输出能力； ③完善新产品开发流程； ④明确组织架构和职责分工； ⑤建立人才培养体系，加强人才培养
ST 策略（多种经营）	**WT 策略（防御战略）**
①加强极致性价比产品的开发，如极致性价比扫地机； ②团队攻坚能力和模式复制，如商用机器人业务开拓	①布局全球化专利； ②拓展多种资本融资渠道； ③提高产品交付的质量和水平； ④加强二供开发及提升供应链管理能力； ⑤部署 IT 信息管理系统； ⑥加强售后服务部门建设，提高用户满意度

创始人兼 CEO YH 听过战略分析的汇报后，明确了未来三年的战略规划（见表 3-4），选择了 SO 策略——战略增长策略。ZM 公司自此开启了战略扩张的序幕。

表 3-4 ZM 公司三年战略规划

年份	2020	2021	2022
产品规划	家用清洁电器：吸尘器； 家用机器人：扫地机器人、洗地机器人； 出行：滑板车； 商用机器人：室内商用清扫机器人； 高速电机：吸尘器高速电机、吹风机高速电机、干湿两用高速电机	家用清洁电器：吸尘器、除螨仪、蒸汽拖把； 家用机器人：扫地机器人、洗地机器人、擦窗机器人； 出行：滑板车； 商用机器人：室内商用清扫机器人、园区无人清扫车； 高速电机：吸尘器高速电机、吹风机高速电机、干湿两用高速电机	家用清洁电器：吸尘器、除螨仪、蒸汽拖把； 家用机器人：扫地机器人、洗地机器人、擦窗机器人、洗碗机、老年陪伴机器人、儿童陪伴教育机器人； 出行：滑板车、电动车； 商用机器人：室内商用清扫机器人、园区无人清扫车、送餐机器人； 高速电机：吸尘器高速电机、吹风机高速电机、干湿两用高速电机、磨牙钻高速电机、小型航空电机
营收目标	31.7 亿元	67.5 亿元	123 亿元
营收构成	家用清洁电器：15 亿元 家用机器人：15 亿元 出行：0.5 亿元 商用机器人：0 高速电机：1.2 亿元	家用清洁电器：30 亿元 家用机器人：30 亿元 出行：2 亿元 商用机器人：0.5 亿元 高速电机：5 亿元	家用清洁电器：50 亿元 家用机器人：50 亿元 出行：10 亿元 商用机器人：3 亿元 高速电机：10 亿元
员工规模	总人数：680 人 研发：470 人 制造：150 人 支撑：60 人	总人数：1040 人 研发：700 人 制造：250 人 支撑：90 人	总人数：1740 人 研发：1200 人 制造：400 人 支撑：140 人

同时，创始人兼 CEO YH 发送了一封名为《致全体员工的信》的邮件，向全体员工阐述了 ZM 公司未来的战略设想，部分内容摘录如下：

致全体员工的信

ZM 的各位同学：

经过对未来的思考，以及基于最近几个月公司发生的一些变化，我们在想：什么是我们不变的，什么是我们要变的东西？我们坚定的 5 年完成 400 亿元销售额、10 年完成 2000 亿元销售额的总目标是不变的，不变来自坚定地对研发、生产、销售整个体系的打造，重视核心技术投入，拿出销售额的

12%投入研发，其中8%投入现有成功领域，4%投入新增领域。我们会进一步提高制造水平，工厂需要积累，迅速拉产能会遇到非常多的问题，我们还会继续对工厂自动化进行探索。

公司成立时我们的目标是五年做到一家上市公司的水平，十年做到行业首届一指，二十年做到在一个乃至数个领域改变全世界！而今，公司首次年销售额超过5亿元，我们盈利了！距离梦想又近了一步。今年是公司成立的第四年，也是一个新纪元的开始。我们要时刻谨记ZM梦想的初衷——要么不做，要么做世界第一！什么时候做到第一？我们进入一个新的领域5年，就要做到世界第一。未来三年，公司要以创新为轴，多品牌发展，多赛道并行。ZM的产品线会扩充到滑板车、电动车、机器狗、割草机、送餐机器人……我们已经尝试在招电动汽车行业的优秀人才，手机行业做十年产生格局，汽车可能需要三十年。智能灯带在亚马逊卖得很好，我们也会尝试，还包括智能家居、窗帘机之类的。我们将由单一的ZM品牌扩展到DW、BC、MW等多品牌。

要变化的是什么？过去我们习惯于给答案，后面要更多地学会问问题，管理模式在过去的一段时间里是自己在前面单兵作战，后面需要依靠团队，还要团队的人才密度足够大。之后我有种感觉，我会越来越轻松，因为我要靠的是团队。后面会上考核和激励机制、职级和晋升机制，依靠团队、依靠机制、依靠优秀的人去做更重要的事情。我们要有完整的品牌故事，向勇于突破的人致敬。我们要永远追求在一起突破。

…………

最后，我们要成为未来十年最了不起的智能硬件公司！

员工在读到这封信后，表现出了截然不同的反应。有的员工欢呼雀跃："这才是有挑战有魄力的规划，我们要实现跨越式发展了！太棒啦！""哇，未来是星辰大海，只要敢挑战，成功指日可待！"也有的员工表示费解："以我们公司现在的规模和实力，能实现如此多元的发展吗？不同品牌之间的定位和区别是什么呢？"还有员工表示担忧："以现在的行业趋势，扩张策略是对的，但要成为世界第一，是不是太理想了？目前的产品还有很多地方需要完善，单单扫地机器人这一个领域我们都谈不上数一数二。"有的员工则想了解更多的细节："这个宏大的战略看起来好激进啊，感觉像'大跃进'一样，可重点又是什么呢？"

在创始人兼 CEO YH 的强力推进下，2020 年伊始，新战略开始执行，公司各个部门响应很快。新产品研发如火如荼，商用机器人团队短期内完成核心团队搭建，并进行团队融合，开启新品研发阶段。2020 年 1 月，公司营业收入同比增长 74 倍，2 月营业收入同比增长 49 倍，3 月营业收入同比增长 1.3 倍，整体第一季度营业收入同比增长 4.2 倍。在新冠疫情肆虐、经济疲软的大环境下，业绩增长尤为可贵。ZM 品牌在行业内的排名也从第 10 名一路攀升到了第 8 名，市场份额一路看涨。

北京、上海、苏州、深圳等分公司纷纷开启扩招模式。同行业及跨行业的优秀人才引进速度明显加快。到 2020 年底，ZM 公司人员规模已扩张到 1400 人。很多部门每月的面试量一度达到 30 人以上，月入职人数破百，猎头合作方也多达 20 余家。办公室扩规模、新租办公区、人力资源部扩招……ZM 公司的新员工数量首次超过老员工数量。来自传统家电行业、机器人行业、互联网行业以及有过创业公司经历的不同背景的人才汇聚一堂。ZM 公司的品牌群及多产品线的新战略布局已经初见规模。

新品研发靠创新，ZM 公司以创新创始，也以创新立足。自 2020 年起，随着公司业务的逐渐稳定以及新员工的加入，公司策划了年度创新大赛。这项赛事主要面向研发端和产品端，以项目形式报送，凡是体现创新的项目，均有资格参加评选。由初赛进入复赛的创新项目，将由评审委员会根据创新点和技术特点，匹配创新导师。创新导师一方面指导员工、传授经验，另一方面帮助项目孵化。如果创新项目最终孵化成功，导师也与项目成员一道获奖。最终结果在每年 8 月的创新大赛终极阶段评选中揭晓。

如何促进产品创新和研发，ZM 公司也设计出了创新矩阵模型（见表 3-5），鼓励员工从单功能和整机产品去研究市场和竞争对手。

表 3-5　ZM 公司创新矩阵模型

第一象限：行业成功的/已经实现	第二象限：行业创新
对于行业已经成功和实现过的，我们的策略就是追求极致，做到世界第一（包括细节），如 Vslam 扫地机、LDS、陀螺、吸尘器、吹风机等	在行业内，我们需要持续不断的创新和发明，如中央集尘、自动清洗抹布、TOF、AI 识别、立体视觉、组合激光、双目等新技术
第三象限：团队创新	第四象限：问
需要团队去思考、去创新，更多地把我们的创新、想法体现在产品应用中，如麦克纳姆轮方案、抹布带、滚试擦地等	从用户角度出发，产品部需要去调研吸尘器的家庭为什么没有用扫地机，提升产品市场占有率。我们需要还原到最基本的问题，从概念、研究、开发、量产交付不同的阶段来思考问题

经由创新大赛评选，一批创新产品脱颖而出，重量级的莫过于 2021 年中发布的 ZM 明星产品——智能机器狗了。此款产品是一种仿生四足机器人，不仅能够语音对话，而且机器狗该有的运动功都具备了，其中让人关注的是其搭载的环境感知系统，再就是 12 个机器人关节伺服电机，在保证高扭矩的同时保持高速性能，能够灵活响应。优良的性能支持让机器狗可以轻松完成多种高速运动，甚至完成后空翻等高难度动作。如果将电机看作"心脏"，那么边缘 AI 超级计算机就是机器狗的"大脑"。机器狗内置有高精度环境感知系统，能够对真实的生物反应进行精准还原。它全身的 11 个高精度传感器随时待命，能够主动扫描外部环境的细微变化，包括触摸传感器、超声波传感器、GPS 模组、摄像头等，基于此可衍生更符合生物直觉的交互功能，以及环境感知、分析能力。多个传感器之间协同工作，还可以在感知当前环境的基础上，运用算法自创导航地图，并智能规划到目的地的最优路线，同时实现自主规避障碍物。此外，这款机器狗也是开源的，可以由众多开发者一起参与开发。

创新让 ZM 公司在知识产权领域逐渐获得了优势。截至 2021 年底，ZM 公司全球累计申请专利达 1656 件，其中发明专利申请 509 件、PCT 申请 108 件、已累计获得授权专利 726 件。ZM 公司依靠过硬的专利和技术能力，在与国际竞争对手的多次诉讼交锋中获得胜利，打赢了一次次没有硝烟的"专利攻防战"。

2. 乘胜追击、扬帆出海——文化韧性打造新品牌的标杆效应

ZM 公司在多品牌、多产品线战略下，新品牌如雨后春笋般成长起来，其中一个新成立品牌 DW 在各方面都拔得头筹。DW 是新品牌中最快崛起的，从 2020 年 4 月任命新的 DW 品牌负责人 ZWS 之后，以品牌负责人为核心开始搭建新品牌团队，到 2020 年 9 月就初具雏形，一个 58 人构成的新品牌团队紧锣密鼓地组建完成。它的组织架构包括 GTM、市场、品牌、产品、销售、客服、售后、人力、财务部门在内，属于 ZM 公司的一个独立业务单元。DW 品牌在成立初期与 ZM 品牌共用研发资源、生产资源和质量管理资源，部分职能部门资源由 DW 品牌所在地的北京分公司提供支持，其价值链中的其他模块由 DW 品牌独立完成。DW 品牌于 2020 年 8 月开始上新产品，11 月开始售卖，由于前期产品与市场策划充分，因此销售火爆，一度脱销，不得不加紧补货，并在主要电商渠道，包括天猫、京东、唯品会等平台联创佳绩，在与传统品牌的"PK"中一路领先。2020 年 12 月，DW 品牌推出了与西安博物院的联名款新品，其以新颖独特的设计、独具文化底蕴的内涵获得了广大女性消费群体的青睐，成为 DW 品牌又一轰动市场的佳作。DW 品牌在成立的短短半年内，达到了很多新品牌难以企及的高度。一个独立业务单元，以"小、快、灵"的特质在市场中开拓出一条新路，一路高歌猛进，成为 ZM 公司成功孵化的第一个子品牌，并且人均人工成本、研发成本、生产成本和人均效能都比 ZM 品牌更具优势、"小规模小体量干大事儿"的优势得到了完全体现，被管理层视为"兵在精不在多"的标杆。而 DW 品牌的负责人 ZWS 也在 2020 年度的绩效评估中得到了最高评级，获得了 CEO 特别嘉奖。

而后，以 ZM 公司的组织管理惯例，DW 品牌负责人在公司内部为其他子品牌传授成功经验，新建立的 BC、MV 等子品牌纷纷效仿 DW 品牌模式，开始在不同消费领域争夺市场。

DW 品牌取得开门红之后，下一步将怎么走，树立什么样的目标？DW 品牌的所有员工聚集一堂，召开了一次战略民主讨论会。

DW 品牌负责人 ZWS 首先发言："DW 品牌成立以来，感谢大家的努力付出，我们获得了不少赞誉。同时，这也是一种压力，我们要做得更好才能不辜负公司对 DW 品牌的期待。国内市场的业绩起来了，这是基础，按照创始人 YH 的指示，DW 品牌也要尽快出海，去拓展海外市场。海外市场这场仗怎么打，今天得发挥大家的聪明才智，集思广益，请大家都说说想法吧。"

DW 品牌海外市场总监 ZBZ 刚刚入职，也是半年前刚从欧洲归来的。他先说了说自己的构想："目前国内品牌出海时机比较好，前景也值得期待。就拿自清洁机器人比较成熟的欧洲市场来说，目前高端品牌来自美国和英国，但美国和英国的品牌在当地售价比较昂贵，中国品牌性价比更高，科技元素融入得多，设计上也更小巧轻便。目前进入欧洲市场的中国品牌还不算多，DW 品牌这个时候入局，可以抢占一定的市场份额。只要我们明确与已经进入欧洲市场的 ZW 品牌的品牌差异、产品差异、价格差异，渠道都不是问题，线上渠道有当地有影响力的销售平台，线下渠道有当地经销商，这些都包在我身上，如果需要，我本周就可以出差考察海外市场。"

紧接着，DW 品牌的销售总监 LJ 发言：WS 说得对，国内打了胜仗，就要去海外占领市场。BZ 刚来到我们 DW，就贡献了线上和线下的渠道资源，我看啊，DW 品牌前景广阔，欧洲我们必须去！我们先卖俄罗斯，然后卖波兰，再卖德国，目标人群我都想好了，我们 M 系列的产品卖到俄罗斯、波兰，主打性价比，这两个国家在欧洲属于国土面积大的，人口基数也可以，市场份额方面应该可以期待，能快速出销量；把高端的 T 系列产品卖到德国和意大利去，这两个国家国土面积也不小，消费能力更高一些，主打要利润率。除了线上和线下渠道，直播带货也得搞起来，我已经问了 MCN 公司请海外主播的价格，咱们的销售费用足够支撑，有几家 MCN 公司还真不错。这是今年的规划，等销量起来了，我们明年再开拓法国、西班牙市场。"

其他员工也纷纷提出了自己想法："J 姐说得对，欧洲先开辟俄罗斯市场，俄罗斯空间大，可以走'一带一路'铁路发货，成本低。""WS 哥，其实捷克市场也不错，捷克的市场调研报告我刚看过，还有很大空间……""WS 哥，可以看看匈牙利和土耳其，土耳其人口多，也可以主打性价比……""WS 哥，乌克兰国土面积大，先卖乌克兰应该也能行，听说竞对公司出海外就是先到乌克兰，还建了海外仓……"值得注意的是，所有员工发言都不必起立，也不用举手，会议室里的讨论氛围热烈又平等。

ZWS 微笑着注视每位发言的员工，时不时地点头，他从不打断员工的发言，还会把大家的建议一一记录下来。对于比较好的建议，ZWS 会进一步询问细节，有针对性地提问。

在一个半小时的战略讨论会结束后，是 DW 团队的"DW Talk"时间。这是 DW 团队企业文化的一个固定项目，每个季度进行一次，旨在帮助团队全体员工开拓视野、提升业务能力，同时增进团队成员间的了解、增加团队凝聚力。本期的主题是"科技类创新新品的选品与众筹"，由 ZWS 邀请行业资深专家为大家分享一个真实品类众筹的成功经验以及启示。所有 DW 团队的员工聚集在一个开放的空间，员工可以自由选择座位，主席台旁设有吧台，吧台上摆放了矿泉水、果切、糕点和咖啡、可可等，员工可以自行取用。在专家分享过内容后，员工可以与专家现场交流、请教经验等。

不久，一份凝聚 DW 团队全体成员智慧并达成共识的 DW 品牌出海计划被放在 YH 的桌上，并很快得到了批准。同时，ZM 品牌和其他两个子品牌先后有 10 多名员工找到人力资源部，希望调岗到 DW 品牌去工作，大部分员工的想法是：DW 品牌专业度高、团队氛围好，品牌负责人专业资深又没架子，还相当"Nice"！

3. 绩效评估僵局：外行领导内行——领导力韧性的两难

2020年底，ZM公司的年度绩效评估进入关键阶段——绩效反馈和申诉阶段。负责京东渠道的办公室里，京东渠道负责人WP和销售运营JJ开始了绩效面谈。这是该团队十一名员工中倒数第二位面谈的员工了。

WP缓缓说道："JJ，年底了，我们团队的绩效评估也完成了。今年公司的经营状况与去年相比增速有些放缓，整个团队的分数都不太高。虽然我努力争取了，但是你的绩效结果是'C'。"

JJ说："怎么可能啊，领导？我们'618'和'双11'卖得很好啊，都卖断货了，经营状况怎么不佳了呢，况且我怎么可能是'C'呢？按照人力资源部的说明，'C'是未达到岗位要求，属于不胜任，可我是胜任这个岗位的啊！这次绩效评估涉及对员工一年工作的评价，也涉及每个人的年终奖。这样的绩效评估对我非常不公平，我没法接受。"

WP停顿了一下："嗯，卖货是卖货，可你知道，销售额不代表利润，最终要拿利润说话，而且这个是综合评估的结果，希望你理解。"

JJ脸色变了，问道："综合评估依据的是什么？我哪里不能胜任啊？"

WP沉吟半晌，说道："JJ，我理解你，但不要带着情绪。绩效评估不是大锅饭，要排名的，而且排名公司会统筹看，我也左右不了啊！"

JJ哭了起来，一边哭一边说："这样对我太不公平了，绩效'C'意味着我的绩效排名在团队后15%。作为这个团队资历最老的员工，整个一年我兢兢业业，'618''双11'加班加点，甚至通宵。今年新来的4位同事都是我带出来的，公司让我担任新员工导师，我二话没说就干了，辅导新员工快速进入角色的同时，我自己手上的工作一点儿没耽误。我手把手把新来的同事都教会了，他们有问题时，都是第一时间来找我。这期间加了多少班，你清楚吗？另外，这一年来，我经历了四个直线上级，前几位上级离职后团队没人接手，都是我暂代团队负责人，把京东平台的业务扛起来的。你是8月才接手团队的，对业务和团队了解多少？公司要的各种数据和预测你不是都问我们吗？哪次开会，不是我要去旁听，随时回答问题，即使评估，8月之前也应该是当时的领导来评估，你只能评估9~12月的绩效。我的前几任领导对我都是非常肯定的，你有什么资格这么不负责任地给我全年的表现打了'C'？"

WP皱了皱眉，顾左右而言他："JJ，那个，我觉得现在不适合讨论这个问题，你先回去冷静一下。"说完，WP让JJ离开了会议室。

随后是销售运营DR进入会议室。WP用同样的话术通知DR的绩效结果为"C"。

DR非常震惊，问道："为什么给我'C'？"

WP回答："哦，DR，我觉得你的状态不太好，工作热情不太高。"

DR有些愤怒地说："状态？热情？你是怎么观察的？这对我的工作结果有什么实质性的影响吗？我哪项工作没有完成吗？这个岗位该承担的KPI我都完成了，你说的状态和热情指的是什么？这是量化考核的指标吗？请问怎么量化的？"

WP用手捂住了嘴，开始支支吾吾起来。

DR继续说："我知道我的前任上司和你有过矛盾，可她已经离职了，过去的一年里，我们清楚你不是做销售出身，但我们都全力支持你的工作。绩效评估要求公正公平，不能这么主观吧？这样的结果我没法接受。另外，我刚才看到JJ哭着出去了，我猜到我和她的结果是一样的。为什么团队那几个经常和你一起吃饭聊天的人不是'C'，只有我和JJ是'C'？这让我们这些埋头苦干、不会耍嘴的员工太寒心了！难道你是老板的老相识就可以乱来吗？外行领导内行，这京东平台的业务还怎么开展……"

第二天，人力资源部同时收到了两封员工的绩效申诉邮件。WP成了公司现有管理团队中唯一同时受到两位下属投诉的管理者，并且在人力资源部的记录中，WP在上半年的调薪面谈和下半年的员工调岗安排中，也遭到了下属的投诉：不懂业务，管理上也差强人意。另外，自WP接手团队后的半年内，已经有两位老员工先后离职，主要也是因为无法与 WP 共事，说是不想在外行的指挥下浪费职业生命。业务端对 WP 的反馈是：带团队吃力，业务能力一般，不是最佳人选。公司创始人兼 CEO YH 对 WP 的反馈则是：非常忠诚、执行力强，与公司风雨同舟，要好好用。

人力资源部找到 WP 了解情况，WP 抱怨说："这两个人不是我招聘的，也不服管，我说话竟然还顶嘴！让我怎么带团队啊？这样的员工干脆早点裁掉吧。"人力资源部同时查阅两位员工的以往年度绩效，一个是"A+"，另一个是"A"，属于排名靠前的员工；通过与该部门其他同事访谈了解到，两位员工的工作表现确实不错，而对于 WP 的管理，有些受访员工颇有微词。

绩效评估僵局反映了领导力的两难局面：团队员工的业务能力平均强于团队管理者，管理者驾驭团队感到吃力，但团队管理者是创始团队成员，资历老、话语权重、影响力大，在公司发展到一定阶段后能力已经无法胜任工作，同时公司非常信任和器重，希望人尽其才。

人力资源部评估各方面反馈后的建议是：重新评估两位员工的绩效，同时综合考量 WP 的优势，建议调岗到非核心业务团队担任管理者，或者以创始团队成员的身份，主抓公司的企业文化建设等更能发挥其优势的工作。

同时，人力资源部调整策略，从另一个角度出发，抽样对 ZM 公司所有在职管理者进行访谈，根据访谈结果，结合管理者自身的需求以及对管理者的领导力评估情况，制定了《ZM 公司领导力提升计划》，从点滴开始，对各级管理者进行系统的培训、赋能。邀请外部管理教练对各级管理者进行赋能。原则上，管理者上任之前，必须经过领导力培训，管理者在进行诸如绩效面谈、调岗面谈等重要管理对话之前，安排经验丰富的 HR 对其进行一对一辅导，保障沟通话术的规范性和有效性，并对管理者关心的问题进行解答，必要时 HR 将与管理者一道同员工进行沟通。人力资源部还定期组织领导力茶话会，鼓励管理者们分享自己管理实践中的案例和经验，促进各级管理者之间进行讨论和相互学习。

在人力资源部的相关计划推进下，ZM 公司各级管理者的领导力水平获得了一定程度的提升，但与业务发展的速度比起来，管理进步的速度要慢得多。

三、韧性 2.0 阶段总结

2020 年至 2021 上半年为 ZM 公司的快速增长、战略扩张时期。组织韧性建设侧重于三个方面——战略韧性、关系韧性和领导力韧性。战略韧性主要解决的是 ZM 公司在盈利后，下一步如何发展的问题。从一家名不见经传的初创公司，到成为自清洁机器人行业里的新贵，ZM 公司看到了自身的潜力和价值，也看到了无限宽阔的市场空间和行业发展的机遇。ZM 公司的经营战略由单品牌向多品牌扩张，同时新增了 3 个子品牌。产品线由清洁类机器人向割草机器人、商用机器人、陪伴机器人、电动车、平衡车等方向多元辐射，8 个新产品项目同时上马。为了跟上业务扩张的脚步，人才布局由以苏州、北京为核心，到上海、深圳、杭州几地设立分公司，ZM 公司的人员规模在半年内迅速翻倍，新员工的数量首次超过了老员工。在战略规划上，ZM 公司发挥了极致，抓住了大势，且战略计划有挑战性、明确清晰、具体可衡量。在这样的势头下，ZM 公司的发展可谓狂飙突进，一日千里。同时，文化韧性是 ZM 公司的子品牌 DW 团队建设的重点，DW 团队拥有与 ZM 公司企业文化相比更鲜明的团队亚文化，这与 DW 团队的大部分员工在北京分公司工作有关。在亚文化的影响下，DW 团队制定的战略规划方向比较聚焦，员工能力提升和团队凝聚力的塑造渐进式推进。领导力韧性方面，相对于创业初期的简单管理甚至不需要管理，ZM 公司对管理者领导力方面的要求不断提高，但组织架构和部门职责仍然有很多模糊和不确定，体系化、制度化、流程化等管理体系的建设跟不上业务奔跑的速度。管理方面的问题和短板开始显露。

第三节 韧性 3.0 阶段——痛定思痛、螺旋上升的韧性内省期（2021 年下半年至今）

一、背景描述

任何新生事物的诞生和普及都不可能一帆风顺，2021 年，经历了一路狂奔的自清洁机器人赛道开始降温，增速开始放缓。由于全国消费市场增长乏力，整个家电行业的发展遇到瓶颈，为突破销量，扫地机器人品类陷入了价格战的深渊，低价换量的短视做法损失了整个行业的利润率。2021 年自清洁机器人行业线上销量同比下降 11%，2022 年 1 月更是下降超过 20%，销量不足 30 万台。在踯躅前行的赛道里，行业里先行者曾经的光环开始黯淡。然而，与大环境的冷清相对的，是扫地机器人这条赛道的越发炙手可热。专业机器人制造商、传统家电巨头、国际家电企业、互联网企业等纷纷入局，打算分一杯羹。据不完全统计，目前国内已经有约两百个扫地机器人品牌，行业已是一片红海，竞争日趋白热化。在新的竞争格局下，领先企业依旧努力实现业绩增长，但增长势头乏力，进一步的创新仿佛难上加难。行业里新的进入者力图通过创新或差异化竞争来抢得市场份额，但产品越做越类似，想再复制头部公司、靠导航技术突围几乎不太可能。扫地机器人一直存在的漏洞如空间边角无法清洁、经常卡机、对较大颗粒物失效等功能性缺陷也在一定程度上透支了消费者对于这类产品智能化的期待。在这种情况下，仿佛唯有寻找新的用户痛点，做突破性的技术革新，才能创造下一个行业"增长点"。但拥挤的赛道意味着更激烈的竞争，"唯快不破"，才能脱颖而出。实际上，当扫地机器人从随机式清扫、规划式清扫过渡到导航式建图清扫，单一地扫地过渡到扫拖一体后，行业技术的更新便陷入了停滞，作为代表性的技术驱动型智能品类，扫地机器人产品之间的同质化越来越严重，创新难已经成了行业发展的短板。一个容易观察到的现象是，国内市场上已很久未涌现出"爆款"产品。另外，用户的认知局限也导致他们购买了价格不同的产品，质量也千差万别，很多电商平台的差评率均有升高的趋势。"伪需求""智商税"等标签正逐渐成为用户对扫地机器人的刻板印象。

同时，中美贸易摩擦和新冠疫情等造成原材料和代工厂供货的不确定性加大，新产品上市延期，产品交付慢，有价无货的情况不时出现。行业内很多厂商的订单都遭遇了延期交货的命运。2022 年初，新冠疫情持续，公司的经营活动也因此受到了影响，放慢了脚步。

2021 年下半年，受国内电力产能的影响，ZM 公司制造工厂所在的苏州市开始拉闸限电，只能阶段性地开工，此时的产能仅相当于正常状态的 65% 左右。2022 年，国际形势风云突变，ZM 公司出口海外的货物运输周期被迫延长，来自俄罗斯、乌克兰及中东欧的订单锐减，ZM 公司的出口受到显著影响。

行业的风云变幻叠加复杂的国内国际形势，增加了更多不确定性、多变性，ZM 公司也遭遇了前所未有的困境。

相关人物情况如下：

产品经理 XD：31 岁左右，负责新产品智能垃圾桶的产品工作，本科学历；职业履历光鲜，有同行业大企业背景。

北京人力资源部负责人 SX：37 岁左右，硕士学历；有甲方和乙方工作背景，经验资深，对科技行业较为熟悉。

招聘经理 HW：28 岁左右，本科学历，负责公司中高端职位的招聘，年轻、有冲劲，曾在猎头公司工作过，有猎头工作经验；2017 年入职 ZM 公司，一路从招聘专员晋升至招聘经理，成长比较快，但招聘经验尚不够丰富。

二、典型场景

1. 离职访谈吐心声——从冰山一角看关系韧性

SX 在会议室里等待产品经理 XD 时，又看了一遍 XD 的离职申请。没错，他才入职 4 个月，还在试用期，有同行业大公司背景，招聘时感觉像挖到了宝，这么优秀、年轻有为的同事，怎么就毅然决然提出离职了？当时入职的时候他还踌躇满志呢！XD 已经是这个月第 11 个提出离职的员工了。

XD 敲敲门，走了进来："SX，不好意思，刚才交接一份文件，迟到了 5 分钟。"

SX 说："没关系，快坐下。我看到你的离职申请，还是挺意外的，说说吧，为什么提离职啊？"

XD 眼圈发黑，略显疲惫，看得出赶项目进度没少加班："一言难尽啊。一方面公司的决策太武断了，往往还没想清楚就盲目地'上马'，刚做没几天又突然'下马'。就拿这个智能垃圾桶项目来说吧，刚入职的时候上级急着马上出产品规划，所以我加班赶方案交上去，然后就没动静了。一个月后，接到通知要过项目评审，我就开始没日没夜准备评审资料。评审好在也通过了。结果不到一周，说是评审结论推翻了，今年不做智能垃圾桶了，主攻割草机器人，还说这个产品在海外卖得很好，利润率更高。要把我调到其他项目组，说实话，我不想去，毕竟自己的优势在这里，去做其他项目就不算核心人员了，只能敲边鼓，最后还是直线上级苦口婆心劝我才决定过去的。结果到新项目组一个月，各方面熟悉差不多了，可以上手了，又接到通知说智能垃圾桶又要重新上马，又把我调回来了，本以为这下可以大干一场，我把试产以前的资料都规划好了，也与研发碰了好几轮，前期的方案基本就可以定稿了。就在一个月前，接到最新通知，产品规划全面调整，我看了一下新的规划，功能和定位有些难度，研发要重新设计，但要求我们这个团队在 6 月之前就要上发布会，这怎么可能呢？八字还没一撇呢！我就向直线上级反馈这个问题，可上级也是被通知的状态，不清楚产品规划调整的原因。我就硬着头皮去和研发的同事探讨怎么缩短开发周期，最终我们讨论的结果是最快也要到 9 月。半个月前我就在项目会上汇报了最新的进展，结果创始人 YH 听完汇报后批评我太保守。而后不到一周，公司就空降了一个新的智能垃圾桶负责人，并要求我向他汇报，可这个人并不是这方面的专家，资历还不如我呢！我入职时公司明确了我就是智能垃圾桶的负责人，现在不到 4 个月就变了，这让我没法继续干了！另外，入职 4 个月，我的直线上级已经换了三个人。本来各种项目变化就很多，加班赶进度都很吃力了，还要与每个新上级熟悉、建立信任，适应不同上级的要求和管理风格，磨合默契，压力非常大。公司的信息系统也不好用，很多东西无法上线，只能线下做，效率很低。这次提离职，我就没找到系统界面，问了好几个同事也不知道在哪里提交，最后问了 HR 才找到。公司的组织架构也从来不公布，想找项目相关责任人都得去口头问，点对点的沟通太耗时了，感觉入职以来都没睡过几个完整的觉。"

SX："理解理解，您说的这些我多少了解一些，看来做这个项目付出了不少辛苦啊。可能这段时间公司变化比较大，让你感到疲惫。或者过一段时间公司发展稳定了，项目有可能就平稳了呢？公司也有一些员工在初始阶段有些不适应，但很多人还是坚持下来了。再说 4 个月对于新员工而言还是短了些，从职业生涯的角度看，可能会影响您未来的发展，有没有可能再考虑考虑？"

XD："这个我也衡量过，毕竟从前一家公司离开时，我当时是非常看好 ZM 公司的发展前景的，招聘 HR 跟我讲薪资达不到我的要求，我也同意降薪入职，同期还有几家公司找到我，我权衡了一下，还是觉得 ZM 公司从零开始做智能垃圾桶，机会更好，施展空间更大，就推掉了其他几家公司的邀请。可以说，我是很有诚意的。所以，提离职前我也跟几个同事聊过，包括 DW 的品牌负责人 WS 哥。这位大哥是老资历了，甲方和乙方都做过，来公司 4

年了。WS 哥和我的遭遇比较像，被任命新品牌负责人不到半年，这个品牌就不做了，WS 哥也提了离职，他肯定也心寒了。其实 DW 作为新品牌做得相当好了，销量和品牌效应都达到了一个难以企及的高度，几款产品都卖断货了，那个与西安博物院的联名款也非常有口碑。可老板似乎没什么耐心，一个新品牌或新项目 5 个月内如果不能营利就砍掉。你看，不止 DW，BC、MW 这两个品牌也是如此命运，两个品牌负责人也是在试用期就离开了。照这种线性思维做下去，没有几个项目能成功。毕竟每个阶段情况不同，可能运气好能赶上好的市场行情，一般的产品也能卖得不错，赶上不好的行情，产品再好可能出货也不多。在我看来，商业规律还是要遵守的，不能一味揠苗助长啊。还有，公司上个月又裁员了，算上上半年那波裁员，加起来也有70 多人了。我对公司未来的发展很难预期，不确定性太高。另外，招聘时承诺我入职就签《股权协议》，直到现在我连协议的影子都没看到。在这样多变的情况下，工作很难开展，大家都很疲惫。其实我也不愁工作机会，要是在一家稳健发展的公司，我能施展的空间会更大，能发挥的东西也更多……"

虽然进行了几番挽留，但是 XD 还是毅然决然地办完了离职手续。

随着不断有员工提出离职，结合一段时间以来的离职访谈记录，人力资源部统计发现，离职员工中 78% 是入职 1 年以内员工，也就是 2020～2021 年公司大规模扩招时期入职的员工。这些员工与早期员工不同的是：首先，往往职业履历比较光鲜，有成熟企业、大公司、知名企业工作背景，有更为成熟的经验；其次，职业化水平较高，综合素质和专业能力更优秀；最后，视野较为开阔，看问题更为长远和深刻。公司在招他们入职时是希望这些员工能够帮助公司：首先，这些员工的理念更贴合成熟企业，能够帮助公司建立更系统、更规范的业务体系和管理体系，提升公司的整体水平；其次，这些员工能带来经验、工具和方法论，拿来即用，弥补公司早期人才结构的短板；最后，这些员工能赋能早期入职的员工，提升管理水平，带动人才能力的提升，进而提升整体人才层次。可这些优秀人才在留用上却遇到了很大问题，即人招得来，但留不住。

痛定思痛，人力资源部将有关员工离职的统计分析结果整理成报告，提交公司管理层，同时设计人才挽留计划并开始推行。公司各级管理者加大了对拟离职员工的关注和帮助，在工作中从各自部门做起，减少业务决策的反复性和多变性，入职 1 年内员工的离职率也作为考核指标写入部门管理者的 KPI 中。此外，组织各种新员工融入活动和团建活动，帮助新员工更好地适应 ZM 公司的企业文化，并及时解决新员工的困难。新员工导师制也开始推行，每一位新入职 ZM 公司的员工，在试用期内均配有一位导师，负责新员工在工作上的引领，帮助新员工融入团队，帮助新员工答疑解惑，定期与新员工谈心。

除了组织层面对员工的留用措施，针对员工个体韧性方面的差异，人力资源部推行了员工韧性能力提升计划：包括压力与情绪管理系列培训、面向员工的定期心理咨询、心理韧性提升读书会、员工抗压经验分享会、不定期的积极心理沙龙、户外 EAP 活动等。在此项提升计划结束后的项目效果访谈中，93% 的员工认为心理韧性提升计划很有帮助，除了工作方面的压力，自己在其他方面的压力也得到了缓解；85% 的员工认为韧性提升的方法和技能用在自己身上有效果，至少短期内已经看到效果，愿意长期尝试；81% 的员工认为如果有下一次同主题或类似主题的项目，还会继续参加；76% 的员工判断自己的心理韧性相比之前得到了提升，同时焦虑感有所降低。

2. 行业风云突变，危机显现——资本韧性力挽狂澜

2021 年下半年，一直飞速狂飙的 ZM 公司突然间慢了下来，仿佛一辆飞奔的汽车引擎突然失灵了一样。新上马的多个项目并没有达到战略预期，与公司成立之初精品策略下"一款产品定乾坤"的态势形成强烈了反差。多品牌、多产品线的战略路径仿佛陷入了泥潭，投入得越多，陷得越深，却迟迟看不到效果，且投入成本居高不下，ZM 公司的现金流第一次出现危机。在

创始人兼 CEO YH 的办公室，招聘经理 HW 等待着 YH 对刚离开的面试人的面试反馈。

"这个人还不如上次面试的那个，我问的问题他都听不懂，问他一些开放性的问题他都是在套用以往的工作经验，没有任何创新的想法，这类人已经思维固化了。以后这样的候选人就不要推给我了，要选优秀的人。"YH 脸色有些不悦。

HW 咬了咬嘴唇，回应道："这段时间各大招聘网站的简历我都翻遍了，同行业、相关行业的人才，只要是资质好的，我都问了，最近这个月我电话聊了 150 多人，这个候选人已经是最接近目前招聘要求的了，其他人要么没有跳槽意向，要么不考虑公司的机会。"

"还是你没有'Get'到用人的点，要聪明，还要有成熟经验，能快速盈利的候选人。公司现在没有时间去给这个级别的负责人超过半年的时间，如果不能为公司快速创造价值就不用聊了，公司需要迅速盈利。还有，这个职位招了半年了，还没有进展，能不能给点力？"YH 说道。

HW 回答："我们招聘团队最近两个月一直在想办法突破，薪酬放开谈，算上猎头推荐的、同事内推的以及我们打电话挖的，先后聊了 900 多人了，很多候选人一听到公司新产品这么多，对战略重点是什么存在疑惑，觉得未来有很大不确定……"

"这个职位负责好自己的项目就行了，快速盈利就是重点。你们要抓紧，国内人才这么多，怎么可能没有合适的呢？再多找几家猎头。"YH 问道。

还没等 HW 回答，会议室外有人敲门说："打扰了，投资人下午到，PPT 我又改了一版，请您过目。"

YH 说："请进吧，差点忘了。"他回头对 HW 说："今天先到这儿，这个月还有 8 个工作日，这个职位至少再面试 5 个候选人。"HW 领会，离开了会议室。

门口负责投融资的同事打开了投影设备，YH 说："先放一遍 PPT 我看一下。融资这里这样改……未来计划那一页再把第 6 版的那张表加上……产品矩阵图放在前面吧……"

ZM 公司开始了新一轮融资。在接触了多家投资机构以后，2021 年 10 月 ZM 公司凭借之前在行业内的口碑积累和获得的消费者的美誉度，获得了 36 亿元的融资，在资本寒冬中获得了投资方如此青睐，可谓难能可贵。

3. 认知迷失与另一种彷徨——文化韧性找回初衷

在 2021 年下半年 ZM 公司融资尽调的准备过程中，投资方希望了解公司有关价值观、使命、愿景等企业文化方面的内容。ZM 公司自成立以来，关于这些内容往往较为碎片化、模糊和多变，缺乏具体、明确的文字表述，大部分是创始人兼 CEO YH 在接受不同媒体采访过程中讲到的只言片语，并没有体系化地梳理，在 ZM 公司内部也较少进行宣贯和解读，更没有渗透到日常工作中，成为员工行为的指引和方向。所以，新入职员工是在与上级、同事的沟通和工作交流中感知、习得 ZM 公司的一些企业文化理念的。

联合创始人 DL 接到了这项重要工作，梳理公司的使命、愿景、价值观等企业文化相关的内容并形成体系。DL 与 YH 回忆了 ZM 公司创业阶段的点滴后，整理了初步文稿，也按照 YH 的嘱咐，去听一听其他创始成员的意见。于是联合创始人 DL、联合创始人 WP、研发负责人 CXW、产品负责人 LJ 又一次围坐在了会议桌前，不过这次大家没有带电脑，也不打算谈工作，每人面前摆着一杯咖啡，畅谈在一片难得的轻松氛围中进行。

"老 C、老 W、老 L，创业这几年，咱们风雨同舟一起闯了不少难关，总感觉今年业务推动得异常吃力，我列了个纲要，咱们来一起梳理一下公司的使命、愿景、价值观，一方面供尽调用，另一方面也想就目前的困境想想办法，找找破局的思路。"联合创始人 DL 首先发言。

"我们想到一块儿去了，研发端目前压力很大，不断有员工提离职，我正发愁呢！"CXW 说。

"好，那就开始吧。愿景嘛，我想还是从以研发为核心的角度去讲，毕竟我们是科技为本的企业。创始人不是经常说我们要不断求索，目标是世界第一吗？那愿景就描述为不断求索成为世界级企业，怎么样？"LJ 说。

"挺好，还可以具体到行业，比如'不断求索和成长，成为世界顶级科技企业'。强调成长，可以体现我们谦虚的态度。"DL 补充说。

"这样感觉更高端，我看可以。关于使命，我想按创始人上次接受采访时说得就很好——科技进步和产品普惠。它一方面体现科技属性，另一方面也提到了性价比，与消费者拉近了距离。"WP 说。

大家都点头。

"文化价值观平时提到的比较散，今天强调一点，明天再补充一点。我想我们尽量精简，不超过五点。"DL 继续说，"比如，我反思今年的经营困局，各部门都反馈我们跑得太快了，而且把之前的成功看得太重了，同时把困难想得简单了，总之，有些自满。我建议把'保持谦逊'放在第一位，提醒我们永远不要骄傲。"

"对，我们要正视缺点，不能避讳。"LJ 说，"还有，'坦诚开放'也很重要，大家开诚布公沟通成本最低，现在跨地域沟通很多，大家都在线上沟通，很容易产生误解和歧义，之前两个部门的负责人就是线上产生误解吵了起来，所以这一点也加上吧。"

"是的，'追求极致'也算一条吧，我们的电机研发从 12 万转到 15 万转，不断突破，没有止境。"CX 补充道，"另外，现在公司大了，人越来越多了，还是要依靠团队，重视'团队拼搏'，否则，总是搞个人英雄主义，是走不远的。"

"最后，想想公司创立的根本点，我们是希望人们能从科技中受益，享受科技带来的更好体验。这一点怎么描述呢？"WP 问。

"要不用'惠及人类'怎么样？虽然听起来理想主义一些，但是能体现终极使命。而且很少有公司这么提，这很有 ZM 的特色。"LJ 说道。

"集体讨论收获蛮大，这样吧，大家说的这些我都记下了，随后再请创始人最后把关。"DL 最后总结道。

最后，ZM 公司的企业文化内容明确了下来，如表 3-6 所示。

表 3-6　ZM 公司企业文化价值观

愿景	不断求索和成长的世界顶级科技企业
使命	推动科技进步，推进产品普惠
文化价值观	
保持谦逊	我们要时刻保持谦逊，对待客户永远谦逊，永不傲慢；对待同事也是足够谦逊，觉得同事身上都有值得自己学习的地方；对待供应商也足够谦逊，像对待客户一样对待供应商；对待新事物也足够谦逊，不急于否定新事物，拥抱变化，足够开放包容地看待新事物
坦诚开放	我们要坦诚开放，我们以足够坦诚、足够透明、足够开放、足够直率的方式去沟通。我们努力追求，让我们的公司像大学校园一样简单纯净。事情很复杂，但人很简单，用足够真诚的方式而不是充满技巧的方式沟通，让我们把所有的心思用在做事情上
团队拼搏	我们要团队拼搏，未来一定是一个大协作时代，我们一定要打造一种集体奋斗、团队拼搏的文化。胜则举杯相庆，败则拼死相救，互相依赖，互相成就。不要有部门壁垒，不要本位主义。未来一定是一个大军团作战时代，我们要打造一支极富战斗力的军团
追求极致	我们要追求极致。在各个岗位各项工作上都保持对极致的追求，我们要敢于树立高目标，"要么不做，要么世界第一！""穷尽"是面对这一目标时最笨也是最有效的方案。我们做一件事情的时候，要想是否穷尽了所有的方案，穷尽了所有的可能性，穷尽所有的资源做到了最好
惠及人类	我们要追求惠及人类！我们要做真正对社会、对人类进步有益的事情。伟大的企业一定会跟社会、跟时代紧密相连，一定要做对社会有贡献的事情，一定要做推动时代进步的事情。我们虽然刚起步，但是已经成立了公益基金，并把教育、医疗和人类可持续发展作为公益基金的长期方向。不仅是在公益基金上，我们所做的每一件事情，都希望是贡献社会、惠及人类的事情！这也是我们企业存在的价值

在梳理了企业文化价值观后，ZM 公司自上而下开展了企业文化价值观的宣贯和行为化活动。通过树立标杆和榜样，倡导大家向榜样人物学习，并定期对员工进行有关企业文化价值观的考核。在知行合一、营造命运共同体的道路上，ZM 公司迈出了重要一步。

同时，ZM 公司通过文化价值观的宣贯和行为化，对曾经的战略冒进开始内省和反思。既然提倡"保持谦逊"，就要对自己的行业地位有所认知，就不要贸然在自己不擅长、不专精的领域"开疆拓土"，成功概率低且浪费成本；既然倡导"追求极致"，就不要把差不多的产品拿到市场上去卖，做不到精品不罢休，没有创新就不罢休；既然要"不断求索和成长"，就不要想着一步到位，揠苗助长，指数级增长。

三、韧性3.0阶段总结

ZM公司在韧性3.0阶段遇到了发展瓶颈期，以往的成功模式在这一阶段不再有效。融资成功之后，ZM公司感受到了前所未有的压力，营业收入、利润、成本等核心财务指标均要在规定时间内达标，一种"负重前行"的压力感和紧迫感迎面袭来。除了前文提到的各种复杂的外部因素，ZM公司自身的多变化、信息模糊、不确定性等在这一时期积少成多，一步步演变成了发展的阻碍，遏制了ZM公司快速发展的势头。迫于增长乏力，公司开始战略收缩，砍掉所有子品牌并进行两轮裁员，撤销杭州办公区；一度贴着"创新"标签的明星产品——商用机器人、陪伴机器人、平衡车等孵化中的业务线不再继续加大投入。此外，业务跑得快、管理跟不上，组织架构调整较频繁，内部管理更多依靠人治而非制度流程，跨地域、跨部门协同困难，盲目扩张导致人效偏低而人力成本激增，优秀人才不断流失等问题逐渐浮出水面。

这一时期，ZM公司的组织韧性关注重点放在了资本韧性、关系韧性和文化韧性上。资本韧性首先解决公司增长乏力、现金流危机的问题，以解燃眉之急；关系韧性解决人才流失的问题，留住人才、稳住人才，扭转优秀人员不断流失的态势；文化韧性解决ZM公司业务繁荣背后方向迷失、找不到纲领的问题，帮助ZM公司重新找回初心，明确方向。

第四章　ZM 公司组织韧性管理分析

从前一章的内容不难发现，ZM 公司组织韧性的演变历程是国内创业型企业组织韧性发展的一个缩影，具有典型性和代表性。本章以前一章每个韧性阶段的典型场景为线索，按照分析框架—理论溯源—场景解剖—韧性分析的思路展开，提炼以 ZM 公司为代表的国内创业型企业组织韧性的特点和基因，研究 ZM 公司在不同生命周期中组织韧性的演化历程和发展变迁，以及组织韧性框架模型的内涵和价值，分析 ZM 公司应用组织韧性理论、组织韧性框架模型和相关管理理论、心理学理论的经验，以及实践中工具和方法论的创新。

第一节　韧性 1.0 阶段——梦想驱动、磨合默契的韧性萌芽期

一、分析框架

关于韧性 1.0 阶段，由前一章三个典型场景剖析矛盾冲突，即赛道选择、集权与分权、消费者关系，以此引申出组织面临的战略韧性、领导力韧性和

关系韧性挑战，并由韧性挑战寻找组织韧性框架、创业型企业组织发育、团队协作方面的理论依据，根据理论分析组织的韧性对策（见表4-1）。

表4-1　韧性1.0阶段分析框架

场景冲突	韧性挑战	理论依据	韧性对策
①初创初期，面临赛道选择两难：理想赛道道阻且长，现实赛道充满艰辛且不确定； ②在赛道选择过程中，创始团队想法各异，意见不统一； ③产品历经千辛万苦上市，如何应对小部分消费者的负面评价，销售部和客服部的视角各异	①战略韧性：理想还是现实？ ②领导力韧性：集权还是分权？ ③关系韧性（消费者关系）：以消费者为中心还是以盈利为中心？	①组织韧性框架模型——战略韧性、领导力韧性、关系韧性； ②创业型企业的组织发育——鲜桃理论； ③集权与分权理论； ④团队协作理论	①创业型企业先保证活下来，选择竞争压力较小、更有市场潜力的赛道，利用优势能力突破，具备营利能力后再图远大理想； ②创业初期团队小，分权可以更好地调动团队积极性，有助于提高团队凝聚力； ③以消费者为中心，取得客户信任，并通过NPS等指标关注和改进公司的运营、产品和服务

二、理论溯源

组织韧性理论——组织韧性框架模型认为，在企业创立的初期，战略韧性的重要性尤为凸显。战略规划要集中在核心竞争力上，内生增长与外生扩张要平衡。高韧性企业能敏锐地感知外部环境，时刻警惕可能到来的危机，并未雨绸缪，在危机到来前已经做好准备。高韧性企业即使身处危机之中，也能牢记使命，不忘根本。同时，领导力韧性认为领导力在某种程度上讲是一种影响力，影响力可以将员工团结在一起，凝聚组织，提升组织韧性。当一个团队在领导者的影响下为了共同愿景和使命奋斗时，组织就开始产生凝聚力。高领导力韧性的组织善于以激活组织智慧为原则，提高影响力。领导者往往会倾听管理者、员工各方面的建设性建议，而不是"一言堂"，兼听则明，从而有助于组织稳健地发展。互惠关系是组织韧性的基石，企业与投资者、客户、员工以及商业合作伙伴建立互惠关系，这种关系越强，关系韧性就越强，越能助力企业抵御风险和危机。管理利益是管理的底层逻辑，高韧性企业将"共同富裕"视为与投资者、顾客、员工以商业合作伙伴之间互惠关系最根本的要素，将打造"利益共同体"视为长期战略目标。在与顾客建立互惠关系方面，高韧性企业将"创造独特的价值"视为企业与用户互惠关系的基石，价值创造越能满足用户独特性、个性化的需求，这种关系越稳固，用户就不容易在危机中抛弃企业，而选择与企业一起渡过难关。

创业型企业发育——鲜桃理论认为，创业型企业从创立到快速发展前的阶段，即组织发育的初创期，组织规模大部分较小，综合实力较弱，企业的当务之急是如何识别消费者需求，并通过企业已经掌握的技术和资源，推出某种产品或服务来满足消费者需求。这个阶段有几种能力尤为重要：首先，发现商机的能力，即识别消费者群体中还未被满足的需求和痛点，通过现有的技术和资源满足需求、解决痛点。当然，满足需求可以区分为不满足、部分满足完全满足三种情况，如果是不满足的情况，对企业而言优势更大。其次，开发相关产品或服务的能力。企业必须拥有将产品或服务开发或供应出来的能力，这个过程会涉及供应、生产、质量、市场、销售、设计、品牌、后勤等多部门的协同配合，并能够建立产品和服务的销售平台，取得市场声誉和消费者关注。最后，为消费者提供产品或服务的能力。在这里，企业需要清晰消费者在哪里、需求痛点是什么、消费者的购买习惯以及关注的服务重点是什么。企业还需要理解行业和市场，对行业、市场和消费者理解得越深，满足消费者需求的有效性就越强。

集权与分权理论认为，集权和分权是企业经营管理权限的分配方式。集权是把企业经营管理权限较多集中在企业上层的一种组织形式。分权是把企业的经营管理权适当地分散在企业中下层的一种组织形式。企业在运营和管理中应当遵循集权和分权相结合的原则。关于集权与分权的程度，没有普遍适用的标准模式。影响集权与分权程度的客观因素主要有四个：产品结构及生产技术特点；环境及经营战略；企业规模与组织形式；企业管理水平和人员素质。

在团队协作理论中，管理学者兰西奥尼认为，团队协作过程中存在着五种不同的障碍，第一大障碍是团队成员彼此缺乏信任。该问题源于团队成员大多害怕成为别人攻击的对象。大家不愿意开诚布公，承认自己的缺点，所以无法建立信任。团队协作由建立信任开始，没有信任，就谈不上协作。信任问题是团队最常见也是最底层的问题，信任问题解决不了，所有的团队协作都无法开展。

团队协作的五大障碍如图 4-1 所示。

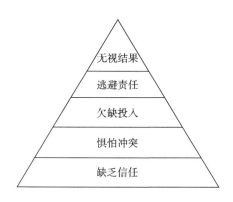

图 4-1　团队协作的五大障碍

三、场景解剖

在韧性 1.0 阶段，ZM 公司正值创业型企业组织发育的初创期。在这一时期，ZM 公司面临的经济形势和环境因素如下：政府鼓励"大众创业、万众创新"，创业活动风起云涌，成立一家公司实现科技梦想的时刻来临；"十三五"国家重点研发计划"智能机器人"重点专项带来行业利好，该项目 2017年开始启动，而智能制造和机器人重大工程作为千亿级的国家工程，政策利好，前景可观；自清洁机器人行业尚处于萌芽期，国内厂商数量不多，市场渗透率低，行业一片蓝海，未来发展空间大，且已有先行者获得行业红利，商业模式得到初步验证；随着国内 GDP 增长及国内消费升级，消费者对扫地机器人的购买意愿加强；扫地机器人作为新兴消费品，能够解决消费者特定的痛点和满足需求，对消费者有一定吸引力，在消费品从无到有推向市场的过程中可能实现企业的快速发展，风口效应显著；"成三败七""九死一生"的命运轨迹依旧在很多创业型公司身上上演，国内创业成功的概率依然不算高，创业形势不算乐观。

用乌卡相关理论的视角分析：创业成功与否具有不确定性、复杂性，新兴行业的未来发展前景具有模糊性、多变性；企业创业后能否用好国家的利好政策具有不确定性；消费者的需求和关注点具有多变性和复杂性。在这样的情境下，ZM 公司需要确立一条适合自身发展的道路，选好赛道，树立立身之本，并争取凭借自身的能力实现稳健发展，渡过创业型企业最容易夭折的第一个 5 年脆弱期。

场景一的两难困境是：ZM 公司前期的技术积累和研发优势聚焦在航天动力和测绘感知，主要研发优势在高速电机上，创始人的梦想是在飞行器领域，而非智能机器人领域，但现实的要求是 ZM 公司要在创业早期活下来，尽早具备独立盈利的能力。理想与现实之间的差距引发了创始团队成员的讨论冲突。一派是现实主义策略，从尚处于市场空白期的领域入手，在尚未形成完全市场竞争的格局中快速成长，取得先发优势，利用现有技术优势尽快盈利，财务稳健之后再去构建理想，进入其他行业；另一派是坚持理想，既然创业，就做自己最擅长的领域，哪怕山高路远、道阻且长，也要坚持。

在双方的博弈下，最后"田忌赛马"派获得了大多数人的支持。ZM 公司选择了一条先盈利后发展的理性道路，反映出早期创业团队敏锐的市场洞察力、对机会的识别能力和捕捉能力，以及脚踏实地、不急不躁的风格。即使存在争论，创始团队成员之间，创始人与创始团队成员之间的沟通还是以相互信任、平等协商、群策群力为主。创始团队成员之间的信任感也助力了跨部门协作与配合。从 ZM 公司后期的发展轨迹以及自清洁机器人领域后期的市场格局来看，ZM 公司创业初期的选择是正确的，在战略选择上取得了先发优势。如果一开始就选择了坚持理想，那么可以预计的是，ZM 公司将长时间依赖"输血"生存，创业期应当具备的开发相关产品或服务的能力以及为消费者提供产品或服务的能力的构建将更为漫长，可能很长一段时间内企业的规模都保持在较小的状态，在发展势头上难以达到"一举成名天下知"的效应。

场景二展现的是：一家创业型企业初创期领导力韧性的剖面，体现了创始人和高层管理者认知方面的差异。创始人兼 CEO 在初创期较为放权，把对公司重要的试产评估决策交给了专业的人去做。专业的人做专业的事，即在自己并不擅长的方面能够客观看待，而不是因为自己所在的位置而做决策。而 ZM 公司的几位高级管理者显然对这个决定还没有做好心理准备，倾向于认为应由老板拍板。双方的认知存在一定差异，但这是一家新创立公司需要经历的磨合过程，也是下属熟悉领导者风格，领导者塑造个人风格的开始。

场景三的冲突点是：ZM 公司千辛万苦研发并生产的扫地机器人产品，一经上市就取得了"开门红"，甚至产品一度脱销，终于功夫不负有心人。同时，消费者的反馈也纷至沓来。虽然大部分消费者对于 ZM 公司的产品好评度很高，但是也有小部分声音是针对现有产品的缺陷和不足的。销售部门的视角是瑕不掩瑜，任何产品都不完美，没有必要在产品刚上市的阶段就吹毛求疵，销量好才重要。客服部的视角是，客户的反馈在企业创立早期就要被重视，客户是上帝，这是企业的立身之本，如果不重视，产品卖出去也难免要退回来，反而是一种更高的成本，这对品牌口碑和消费者体验而言是一种灾难。同时，从产品上市、客户开始产生反馈开始，公司就要建立完善的客户关系管理体系，协同相关部门做好客户关系管理工作，出了问题才重视就晚了，补救不如预防。

经过讨论，"客户第一"派胜出。ZM 公司选择了更为长远和前瞻的视角经营客户关系，即从产品上市时起就注意客户的反馈，注重产品体验的提升，关注消费者对产品需求和功能的建议，满足客户需求，不断改进产品功能，优化产品体验。即使客户的需求点不是大众化的，ZM 公司也认为这是为客户创造独特价值的一部分，是有价值有意义的。仅仅考虑如何卖掉产品，是"顾头不顾尾"的短视思维，这种短期视角只能赢在一时，难以长久发展、基业长青。ZM 公司在部门之间产生争议时，由更高一级负责人统筹协调，保证了方向的统一，部门间顺畅有序。同时，跨部门协同配合的默契也不断磨合，慢慢形成一种组织能力，这也是关系韧性的一部分。倘若 ZM 公司选择了"销量第一"策略，则很可能在产品发售初期一度火爆，而后期无人问津，不得不经历如返工、重新设计、改进工艺或其他更为耗时的过程。这对于创业型企业而言无异于更高成本的投入，代价更高，是"不经济"的选择。

四、韧性分析

ZM 公司在组织韧性 1.0 阶段的三个典型场景代表了大部分国内创业型企业在早期阶段面临的挑战：如何识别出市场需求，并通过提供某种产品或服务来满足这种需求。而应对这种挑战需要具备的几种能力——发现某种商业机会的能力，开发某种产品或服务的能力，通过团队磨合逐步形成团队能力和战斗力，建立组织为消费者提供产品或服务的能力，ZM 公司都具备，并且在组织发育的初创期就顺利战胜了挑战。可以说，ZM 公司初创阶段的组织韧性是有明显优势的。

1. 战略韧性

首先，坚持战略的一致性，一心一意，长期专注于既定的战略方向和定位，并由此打造核心能力。虽然 ZM 公司的理想目标是更为高端的产品、更高端的行业，但是 ZM 公司并没有好高骛远，在还没有足够的资金和技术进入门槛更高的行业之前，还是集中精力把智能清洁机器人这个品类做好。只有专注在这个领域钻研和深耕，才有机会向外突破，去开创其他领域，也就是说做好内生增长以后再考虑外生扩张。ZM 公司正是凭借研发团队的不断攻坚，实现了产品突破，保障了产品的自研、自产、自销，而且在近 3 年的时间里，这个方向没有动摇、中断或放弃过，即使产品研发、试产、量产、上市的过程很艰辛，也依然坚持了下来，并且按照第一次战略会议的约定，在 2019 年底实现盈利之前，保持既有的战略方向不变。

其次，战略上善于平等协商、群策群力，战略会议由创始团队成员参加。ZM 公司的战略规划带着典型的创业公司的特点，就是相对民主，没有等级之分，兼容并蓄，充分保障了思路的多元化和多视角，这样有利于高质量的决策。另外，在 ZM 公司的经营分析会上，参与员工不限制职级和职位，只要部门负责人认为有必要参加，员工就可以参加。而参加的员工都有机会发言，提出自己的建议和见解。员工的建议都有机会被公司采纳和推行。在战略层面，ZM 公司注重与员工结成"命运共同体"，广开言路、运用集体智慧。

最后，动态性、灵活应变。ZM 公司战略规划的动态性也是创业型企业的显著特征。创业者往往因为具备某些特定的资源、优势或机遇而创办企业，在成立之初根据其拥有的技术、资金、人才、渠道等资源制定战略，企业战略规划一般较为短期，内容也相对具体和明确，而随着企业进一步发展，外部环境和内部环境相继发生变化，企业也需要与时俱进，根据客观环境做出战略调整，弹性灵活地适应发展的需要。此时，往往战略规划与企业创立之初的路径产生了差异。ZM 公司面临的乌卡挑战复杂多变，但"船小好调头"，在保持大的战略方向的同时，不断修正短期目标，达成了最终规划。

2. 领导力韧性

首先，领导力韧性中可以看出，ZM 公司创始人在领导力韧性方面给予下属充分的信任和放权，秉承"专业的事由专业的人去做"的理念，尊重不同部门的专业性和独立性，敬畏知识，不专权，使团队之间、团队内部有较高的信任度，部门间协作配合得较好，整个公司的团队凝聚力很强。结合团队协作理论，信任是团队协作的基础，ZM 公司的各级管理者对团队给予充分的信任，使 ZM 公司在初创期就形成了良好的团队氛围。

其次，ZM 公司的创始人能够积极倾听下属的建设性建议，并且注重与各地员工的沟通。领导风格较为民主、亲和、开放、包容，做决策时抓大放小、重点突出。该自己做的决策绝不含糊，不需要自己做的决策则相信职业经理人的判断。轻重缓急掌握得当，平衡得很好。同时，ZM 公司的几位高层管理者在创业初期也很注重员工的感受和员工的建设性建议。公司整个管理层注重以人为本，领导风格较为一致。这些在推动业务快速增长、提高团队业绩上是创业型企业突出的优势。

最后，根据集权和分权相关理论，集权和分权通常没有统一的标准，由产品结构及生产技术特点，环境及经营战略，企业规模与组织形式，企业管理水平和人员素质等因素决定。选择集权模式的企业，往往考虑到以下三个方面：一是此时团队人数少，意见好统一，集权可以提高决策速度和执行效率；二是随着企业的创立，公司创始人成为了企业的最高级别负责人，倾向于以自我意志为中心；三是创业早期团队还需要磨合，集权有助于形成统一认知，明确公司的议事、决策风格。而 ZM 公司的创始人兼 CEO 在企业初创期较为放权，主要考虑：一是所处的智能机器人领域科技含量较高、工艺复杂，不同部门之间的专业壁垒比较高，专业的人做专业的判断，他人难以取代，因此放权可以降低决策风险；二是放权可以充分激发下属的主观能动性和敬业心，有助于提升团队凝聚力、发挥下属的潜力；三是放权有助于营造信任、开放、包容、容错的企业文化氛围。在高科技行业，创新是驱动力，但创新也就意味着会犯错，错误是难免的，营造允许犯错的文化氛围本身就是鼓励创新的一种体现，团队也会成长得更快。

3. 关系韧性

首先，意识到互惠关系是关系韧性的基石。ZM 公司在产品上市之初就意识到建立系统的客户管理体系的重要性，意识到与客户的互惠关系是关系韧性的基石，没有盲目乐观于销售业绩，被一时的成功冲昏头脑。这说明 ZM 公司有经验的管理者能够从深层次的角度认知关系韧性，避免了日后走弯路。互惠关系一旦破坏，就要再去修补，不如一开始就建立好、维护好。

其次，创业早期就重视关系韧性的塑造。ZM 公司在产品发售后第一时间通过跨部门协同把与客户产生价值连接的部门整合起来，打破部门墙，共同为客户关系的缔造出谋划策，使 ZM 公司关系韧性的塑造与产品及服务与消费者见面的时间几乎同步，没有滞后性也不存在脱节。后端的客服部第一时间把消费者反馈传递给前端的研发和产品，快速高效。

最后，认识到关系韧性管理的长期性、系统性，而不是短期的面子工程。ZM 公司认识到关系韧性管理的长期性，有意识地使关系韧性相关的部门在协同配合中磨合默契，并形成组织能力。在这个过程中如果出现偏差，由上一级管理者纠偏、统筹，确保了效果的长期性。

其他组织韧性因素如文化韧性，在创业型企业初创期团队规模较小、组织架构简单、管理不复杂、管理难度不高的前提下，尚没有提升到组织韧性建设的一定高度。

由此，本书研究发现，韧性强的国内创业型企业，其组织韧性的产生、作用以及演变是随组织成立几乎同步开始的，似乎带有"效应"禀赋。韧性一部分来源于创始团队本身具备的优势基因，如战略韧性的专一性、专注性，战略方向的稳定性，在理想面前正视现实、做出理性选择的能力，领导力韧性的开放性、包容性、民主性、以人为本；另一部分是创始团队擅于任用经验丰富的职业经理人所带来的，这种韧性形成来自创始团队在相关经验缺乏的前提下对外聘职业经理人的信任，且职业经理人对组织有足够的洞察力和驾驭能力。这种信任释放得越早，越有利于弥补创始团队在经验上的不足，越有利于团队协作以及团队凝聚力的塑造，越有利于组织能力和组织韧性的建立和形成。创业型企业在初创期，组织韧性是随着创始人、创始团队、早期有经验且获得信任的职业经理人在进行战略规划、经营活动等过程中通过决策、指挥、引导等发挥作用的，并随着企业生命周期的更迭及企业重大组织变革发生演变。

第二节 韧性2.0阶段——创新启航、狂飙突进的韧性发展期

一、分析框架

关于韧性2.0阶段由前文三个典型场景构成，即战略规划与决策、亚文化的影响、管理者胜任，以此引申出组织面临的战略韧性、文化韧性和领导力韧性挑战，并由韧性挑战寻找组织韧性框架模型、创业型企业组织发育、亚文化理论、彼得原理、公平理论方面的理论依据，根据理论分析组织的韧性对策（见表4-2）。

表4-2 韧性2.0阶段分析框架

场景冲突	韧性挑战	理论依据	韧性对策
①成长期，战略扩张，多品牌、多品类"井喷式"繁荣与潜在隐患并存；②创始人掌握话语权与影响力，存在更为集权的决策与不同声音的反馈；③企业文化的亚文化与主文化的冲突；④随着管理复杂程度的增加，领导力瓶颈凸显管理者与下属的矛盾	①战略韧性：狂飙突进还是脚踏实地？②文化韧性：亚文化更吸引人，员工都调部门了怎么办？③领导力韧性：元老级管理者还是职业经理人	①组织韧性框架模型——战略韧性、领导力韧性；②创业型企业的组织发育——鲜桃理论；③亚文化理论；④彼得原理；⑤公平理论	①创业型企业在战略扩张时要保持理性、量力而行，对繁荣背后的隐患保持时刻警惕；②百花齐放；③选择合适的管理者而不是忠诚的管理者；④保障绩效申诉机制的有效性而不是作为"摆设"

二、理论溯源

组织韧性理论——组织韧性框架模型认为，战略韧性方面：首先，战略目标要具有挑战性且能激发成就动机；其次，目标要透明，便于跨部门协同、沟通配合；再次，目标要明确，可以量化或可用关键任务衡量；最后，目标可以弹性迭代，能够根据内外部环境的变化动态调整。在此基础上，需要注意目标要与组织能力相匹配，组织能力受组织架构、组织运营、团队凝聚力、个人能力等多重因素影响。另外，战略增长要以稳健增长为原则制定合适的增长比例。高韧性企业的增长管理策略认为：首先，每年的增长控制在一个合理范围内，起码要高于市场增长速度，否则，企业可能会落后于行业平均发展水平。其次，不要奢求指数级增长。这种增长往往不具有常态性，因为没有一个行业可以无限量增长。稳健增长是首要原则。10%～20%的增长幅度是较为理想的。在有些成熟的市场，10%的年增长率已经很有挑战，当然，在一些成长性市场，20%的年增长率可能略有保守。再次，避免大起大落、陡增陡降。从长远视角看，企业如果在长期范围内将增长速度稳定在10%～20%，将有效塑造组织韧性。最后，力出一孔，资源集中于核心业务，将核心优势发挥到极致，不是追求增长规模而是高质量增长。高质量增长即企业的资源利用效率得到提高，组织效能得到提升。文化韧性方面，人心是组织中最大的团结力量，员工的"共同体意识"是组织韧性的重要构成之一，如命运共同体意识。命运共同体意识意味着员工在企业遇到困难和挑战时，依然表现出忠诚和跟从，能够与企业同舟共济、一起应对挑战和危机；企业不抛弃员工，企业与员工创建共享价值体系，体现出高瞻远瞩的战略视野和责任共担的意识。高韧性企业既注重塑造员工的奋斗精神、拼搏精神、勇士精神，又注重培养"快乐与关爱"、人本主义精神。领导力韧性方面，高韧性企业提倡坚韧领导。坚韧领导的基础就是领导者的个人修炼。"自以为非"属于批判性思维，以自我反思和内省为主。与"自以为非"对立的是"自以为是"，后者是许多领导者的通病，自信过了头，独断专行，躺在"功劳簿"上，把过去的成功经验当成不二法则，把旁人的建议当成耳旁风。"自以为非"意味着：首先，虚怀若谷。过度的自信意味着自负，对不确定性的敬畏可以使领导者保持高水准的额判断力，这样的领导者能够敏锐地感知外部环境发生的变化，而不是陶醉在以往的成绩中。其次，广纳谏言、兼听则明。善于倾听员工的建议，多元化视角思考问题。最后，防止"一言堂"。决策机制需要避免独断专行，发挥集体智慧。同时，领导者要注意平衡向成功学习和向失败学习。很多组织善于向成功学习而不善于向失败学习，因为在错误面前，人们往往习惯于回避。如果世界是长期稳定且简单的，那么重复被证明有效的行为就是明智的选择。然而，在多变、不确定、复杂、模糊的乌卡世代，组织经验积累的速度相对缓慢，所以经验不是在任何时候都是最好的老师。运用经验式学习法，可能会导致一系列错误，让人迷惘。

创业型企业组织发育——鲜桃理论认为，成长阶段的企业面临的首要问题已不是如何生存，而是如何成长。在这一阶段企业要想获得成功，有两点至关重要。第一，获取资源的能力。企业在识别了消费者需求、提供了产品和服务之后，可能出现资源紧张的情况，因为产品销售的增加势必带来一系列资源投入的增加。企业需要的物质资源、人力资源、财务资源、法务资源、信息资源等可能均有增加，只有满足了资源需求，才能实现进一步发展。第二，开发营运体系。对于商业组织而言，市场、销售等冲在一线的工作似乎更受青睐，而建立组织内部的制度、流程、体系等运营相关的体系往往缺乏吸引力，重要性也不容易被企业所认知。构建类似的体系往往投入精力多，产生价值较为隐性，可能费力不讨好。所以，冲突往往是，随着企业的资源扩展到极限，企业发现进一步发展遇到了瓶颈，特别是随着订单量的增多，人工不足（招聘总是滞后于需求），系统容量受限，企业的日常运营系统可能瘫痪，如出现无法应对、超出极限的情况。可企业想发展似乎只有在这些资源方面扩张，由此带来的问题是很多企业在这个阶段由于无法从量变到质变，就此销声匿迹了。企业忙于销售和市场，也就无暇通过运营体系的升级提升效率，改变现状。所以，大多数企业家没有意识到此时的竞争不只是产品和市场的竞争，也是运营基础架构的竞争。总之，在组织的成长阶段，企业开始需要转换思路，从创业型企业转型到管理规范型的企业，而且逐渐形成以企业家精神为主导的组织。

亚文化理论通常认为，一家企业的企业文化即这个组织的主流文化，即现阶段被企业员工普遍认同并自觉遵循的一系列理念和行为方式的总和，通常表现为企业的使命、愿景、价值观、管理模式、道德规范和沿袭的传统与习惯等。而企业亚文化在企业中不占据主导地位，是一种非主流的文化，与企业文化是共同存在、相伴相生的，是企业中不同的群体、团队各自形成的相对独立的价值观、行为准则和制度规范。

美国学者劳伦斯·彼得对组织晋升进行研究后认为，在各种组织中，由于习惯于对在某个等级上称职的人员进行晋升提拔，因此雇员总是趋向于被晋升到其不称职的地位，即为彼得原理对一个组织而言，一旦部分人员被推到其不称职的级别，就会造成组织人浮于事，效率低下，导致平庸者"出人头地"，组织的发展陷入停滞。将一名职工晋升到一个无法充分发挥其才能的岗位，对其本人而言，不仅不是奖励，还是一种局限和制约，对组织而言也是一种损失。

公平理论于 1965 年由美国心理学家约翰·斯塔希·亚当斯提出。该理论认为，对员工而言，工作积极性不仅与个人实际报酬相关，而且与人们对报酬的分配感到公平与否更为密切。人们总会自觉或不自觉地将自己付出的劳动及其所得到的报酬与他人进行比较，并对公平与否做出判断。公平感对员工的工作动机和行为产生直接影响。因此，从某种意义上来说，激发动机的过程实际上是人与人进行比较，做出公平与否的判断，并据以指导行为的过程。根据公正理论，员工一旦判断自己受到了不公平的对待，一般会采取以下几种行为方式中的一种：调整自己的工作投入度；调整自己的工作产出；歪曲自我认知；歪曲对他人的认知；选择其他参照对象；离开该领域（如辞职）。

三、场景解剖

在韧性 2.0 阶段，ZM 公司面临的经济形势和环境因素如下：行业发展蓬勃，市场渗透率不断提升，叠加 2019 年底的新冠疫情暴发，居家办公、"懒人经济"兴起，扫地机器人产品在受到追捧，成为名副其实的"爆品"。自清洁机器人行业正式异军突起。更多厂商入局，行业赛道越发拥挤。资本市场对行业的关注异常火热，融资不断。中国在自清洁机器人领域的专利申请量全球领先，技术上取得一定优势。中美在人工智能制高点的相互角逐到了关键阶段。对于扫地机器人而言，部分核心部件如传感器、芯片以及算法供应受阻，对产品出货产生影响。

用乌卡理论的视角分析：新冠疫情的暴发对工作和生活带来长期影响，具有不确定性、多变性和复杂性；行业的蓬勃发展、新的竞争对手不断入局使行业竞争博弈呈现多变性、复杂性和模糊性；国际局势对经济形势的影响具有复杂性和多变性，对供应链、生产和出货带来短期挑战，具有不确定性。

场景一的冲突点在于：ZM 公司三年专注在一个品类，取得了商业成功，并实现盈利，在市场前景大好、行业飞速发展的时候抓住了机遇，开始战略扩张，总的来说，战略扩张的大方向是正确的，且 ZM 公司的战略目标具有足够的挑战性，能够激发全员的斗志，战略目标不仅做到了清晰透明，通过全员邮件的形式进行详细阐述，让全体员工知悉，而且做到了明确具体，可以用具体的指标或者关键任务来衡量，即每年的目标明确可衡量，但是在战略增长的规划上显得有些急切。如此狂飙突进般的增长虽然让很多员工心潮澎湃，但是也让有些员工认为不切实际。比如，规划一年内从一个品类扩展到五个品类，两年内扩展到十一个品类，三年内扩展到十四个品类。品牌在一个季度内从一个品牌扩张到四个品牌，销售额一年内从 5 亿元增长到 31.7

亿元，两年内增长到 67.5 亿元，三年内增长到 123 亿元，即第一年要求 5 倍增长，第二年翻番，第三年继续快速增长。人员规模也要求翻倍。短期内，战略扩张策略取得了不错的效果，比如子品牌发展迅速，短期内取得了市场认可，打出了品牌知名度，产品一度卖到脱销；创新策略在持续的人才引进下实现了新的突破，新产品研发欣欣向荣，个别产品取得轰动效应，专利申请量也日益攀升。但这种迅速扩张在有些人看来还是存在隐忧的。组织中虽然有不同的声音传递出来，但是创始人是战略决策者，其他人对战略决策难以产生影响。企业往往盲目追求业绩一味向前冲，忽略了快速奔跑过程中产生的各种问题，错失把问题扼杀在萌芽中的机会，管理者也容易被公司发展的表面繁荣所迷惑，不再未雨绸缪、居安思危，洞察力下降、敏锐度降低。

场景二的微妙冲突在于：作为 ZM 公司的新晋子品牌 DW，其品牌负责人带领的 58 人的团队业绩出色、贡献亮眼，不仅在与其他子品牌的竞争中拔得头筹，还成为其他子品牌学习的榜样，但是对 ZM 品牌的销售也形成了潜在的竞争。特别是 DW 团队的亚文化与 ZM 公司的主文化相比，不少员工在内心更青睐前者，并且一些员工主动提出调去 DW 团队的要求，亚文化对主文化产生了一定冲击。

场景三的两难处境在于：随着 ZM 公司快速发展，人员规模在短期内翻番，与老员工相比，新入职的员工普遍在专业技能上更好，经验更丰富，履历更光鲜，甚至一些员工的综合能力超过了团队管理者。负责京东平台的团队同时有两位员工认为自己的绩效评估被不公平对待，提出了绩效申诉，但公司的绩效申诉流程形同虚设，在员工提出申请后没有真正重新评估，而是维持原评估结果。而管理者在与员工的面谈中，没有给出令人信服的解释，对员工的处理方式也较为敷衍，没有体现所在岗位应该具备的管理成熟度。这些入职较早的团队管理者，在创始阶段就已经加入公司了，优势是熟悉公司的过往、创始人较为信任、忠诚度高、稳定性高，劣势是专业能力可能平庸，甚至是外行，管理上差强人意，甚至没有经过专门的管理训练，往往凭借直觉行事，对管理的认知较为局限，更多依靠公司赋予的职位、职衔等树立权威、行使权力，难以通过专业能力、管理能力、人格魅力等发挥影响力，管理行为僵化、刻板，弹性不足，在驾驭团队时力不从心，综合能力已经达不到现阶段公司发展的要求，却长期占据核心管理岗位。于是，频频在绩效面谈环节、调岗面谈环节、调薪面谈环节出问题，甚至出现较多下属离职的现象。

公司发展到一定阶段，选择元老级管理者还是职业经理人成为突出问题。如果选择元老级管理者，创始人放心，也意味着更多的放权，但经营业绩往往达不到预期，团队管理容易出问题。如果选择职业经理人，需要建立信任、磨合默契、考验忠诚，这是一个耗时且需要投入精力的过程，对于很多创始人来说，更难放权。也许有人存在第三种想法，把元老级管理者培养成为成熟的管理者不是更好吗？这样就是两全其美。但从教育心理学的角度看，有学者认为"一两的遗传胜过一吨的教育"，对管理者的培养和发展是相对漫长的过程，且不见得一分投入一分收获，与其花费大量的时间和成本去培养，不如选择合适的人选，对企业来说更经济，对创业型企业来说更高效。从人力资源部的角度看，随着内外部环境的变化以及公司的发展，管理者的能力需要与时俱进，初创期优秀的管理者到了发展期、制衡期不一定是优秀的管理者，可能达不到合格管理者的标准，因为环境、组织规模、人员、面临的挑战、管理难度等都发生了变化，而不胜任的管理者对团队的伤害往往是无形的、隐形的，如出现员工流失、消极怠工、团队凝聚力降低、消极的组织公民行为等。管理者的不胜任在组织快速发展、业绩优秀时往往不容易被察觉，掩盖在繁荣假象下面，甚至有的公司会认为元老级管理者比职业经理人更优秀。

四、韧性分析

在韧性 2.0 阶段，以 ZM 公司为代表的创业型企业进入成长期，按照创业型企业组织发育——鲜桃理论，这一阶段企业面临的首要问题已不是如何生存，而是如何成长。ZM 公司在此阶段具备获取资源的能力以及开发营运体系的能力，并把更多精力放在了获取资源方面，短期内取得了立竿见影的成效，如品牌扩张后新品牌的成功，创新成效显著等。但对于开发营运体系的认知还较为局限，比如与很多创业型公司一样，ZM 公司没有意识到竞争也是运营基础架构之争，对以人力资源为代表的运营体系的专业建议不够重视，也在一定程度上忽略了运营体系的建设，如人力资源、财务、法务等职能部门在公司的价值链条中长期扮演着"不太重要的角色"，即使这些部门具有专业视角和专业洞察，声音也较弱，更多承担事务性工作而没有发挥专业性、战略性影响。这一时期，ZM 公司的组织韧性分析主要包括以下三个方面：

1. 战略韧性

第一，ZM 公司对行业形势和市场行情的分析判断准确，在行业快速增长期扩张品牌线、产品线，整体的战略方向正确，将战略韧性发挥到极致。在行业飞速发展时，加大资源投入，投入产出比更高。对于创业型企业而言，这是借力扩大优势的好机会。

第二，战略目标具有足够的挑战性并且能够激发斗志，目标透明具体，目标明确并可衡量，且战略制定后，能够集中全公司力量全力突破，公司上下团结一致、力出一孔、齐心协力，战略的拆解、推动、落地速度快，指哪儿打哪儿、执行力强。即使组织里有不同的声音，也并没有影响战略的落地，战略执行中不打折扣、一丝不苟，组织凝聚力强。

第三，新业务成长韧性强。DW 品牌是 ZM 孵化的子品牌，在主品牌的光环下从零开始建设，搭团队、做设计，产品从研发到生产，再到独立走向市场，协调内部资源的挑战更大，需要克服的困难更多，也催生了很多市场和品牌方面的创新，比如设计联名款产品。三个新品牌同时建立，彼此之间也存在竞争关系。但这仅是内部竞争，加上外部竞争，一个新品牌短期内能获得成功，说明在 DW 团队中成长韧性是足够强的。智能机器狗的团队也是一样，机器狗是与自清洁机器人完全独立的业务，能够在创新策略的推动下研发成功，过程是艰辛和曲折的，而且一发布就获得市场空前的赞誉，对于一个完全创新的品类而言，成长韧性足够强。

第四，以 ZM 公司为代表的很多创业型企业扩张太快，对业务增长做出了过于乐观的预估，违背了稳健增长原则。企业追求的指数级增长不会持久。ZM 公司的"一年实现 5 倍增长，第二年翻番，第三年继续快速增长"的战略已经超出了稳健增长的范畴，而且追求指数级增长很容易大起大落。ZM 公司外生扩张与内生增长存在一定程度的失衡，在自己从未染指也没有技术积累的全新领域布局，如割草机、平衡车等，有些冒险；战略规划的重点不够突出，资源分布较分散，资源利用效率较低。进入全新领域，行业要熟悉和学习、人员要重新招募、研发实验室等要重新搭建、供应链和生产资源要重新匹配，就 ZM 公司已有的资源而言，缺少并用优势，以上都要从零开始。对于创业型企业来说，成本高、风险大。另外，在做战略规划时较为粗放，子品牌之间的差异化没有体现，产品定义类似于排列组合，各子品牌之间主要按照品牌下面的项目来进行资源分配，此外，没有按照品牌思维来服务。此外，没有充分的消费者调研，就对市场需求做出过于乐观的判断。

第五，在战略决策上，ZM 公司也由平等协商、群策群力过渡到集权管理、"一言堂"的阶段。创始人听了战略汇报就独立做出了规划，并发送全员邮件，组织里的不同声音和多元化视角对决策没有影响。这就意味着决策权力完全由最高管理者掌握，形成了集权。集权极大增加了战略失误的风险，导致决策质量降低：组织规模扩大后，组织的最高管理者远离基层，基层发生的问题经过层层请示汇报后再做决策，对决策的正确性和及时性都产生了不利影响。集权也导致组织的适应能力下降：可能使各个部门难以发挥自我适应和自我调整的能力，从而削弱组织整体的应变能力。集权还不利于调动下属的主观能动性：当所有的决策权都集中在最高管理层时，中下层管理者就变成了纯粹的执行者，他们没有任何的决策权、发言权和自主权。久而久之，他们的主观能动性、创新意识、创造力会被磨灭，工作热情逐渐泯灭，对组织的归属感和团队荣誉感降低。集权对信息交流而言也是一种障碍：由于最高管理层（决策层）与中下层单位（执行层）之间存在多重管理层次，信息传输路径长，节点多，信息交流困难，上传下达迟滞僵化。而处在动态环境中的组织必须根据环境中各种因素的变化不断进行调整。动态调整、灵活应对曾经是很多创业型企业早期的优势，但往往在发展过程中随着组织扩张、管理层级增加、金字塔式组织架构逐渐形成而慢慢消失了，转而由集权取代。

2. 文化韧性

第一，DW 品牌负责人带领 58 人的团队连创佳绩，成为 ZM 公司的标杆，其成功与文化韧性不无关系。DW 团队自成立之日起就明确了组织文化的风格——勤勉、敬业、平等、民主、关怀等元素并存。这个团队既有很强的成就动机又有很强的专业度，人才济济。同时，DW 品牌负责人的资深专业、独特的人格魅力、亲和民主的领导风格深刻影响了 DW 团队的亚文化，如除了业绩导向，把员工能力的提升、眼界的开阔置于重要位置，共创式的议事风格、民主式的沟通机制、和谐的氛围都使其他团队的不少员工争相要调到这个团队来，塑造了成功的亚文化。

第二，DW 团队一定程度上引发了 DW 亚文化与 ZM 主文化的冲突，虽然这种冲突是微妙且隐性的，但是揭示了企业发展到一定阶段，由于规模扩大、人员增加、业务单元增加、业务单元和人员的跨地域分布所导致的文化稀释和文化冲突的问题。ZM 公司由于工作地点分布在北京、苏州、上海、深圳等地，导致了各业务单元和各地员工之间面对面交流的机会有限，更多是线上进行工作沟通，团队凝聚力自然塑造得比较慢，效果不尽如人意。而 DW 品牌员工大部分在北京办公，更容易形成工作默契，所以很快形成了较为整齐划一的 DW 亚文化。按照亚文化相关理论，组织中亚文化的存在不可避免，只要 ZM 公司组织架构中存在自主运营的业务单元，那么主文化和亚文化的微妙冲突就一直存在。从 ZM 公司的视角看，可以深入思考 DW 团队的亚文化获得员工青睐和支持的原因，分析 DW 的亚文化推动业务快速发展的本质，不妨对主文化进行调整和优化。另外，在保持绩效导向和"不踩红线"的前提下，营造一种"百花齐放"的组织文化态势也未尝不可。企业文化和价值观本身就具有多元性，职场中的主流人群也跨越"70 后""80 后""90 后"等群体，其价值观、认知和思想层面也是多元化的，所以多元文化的存在也是一种必然。

3. 领导力韧性

第一，对于企业发展过程中遇到的问题，ZM 组织内部有足够的洞察力。人力资源部对于员工绩效申诉的重视，对于部门管理者 WP 的岗位调整建议说明，人力资源部已经判断出元老级管理者在创业型企业的成长期已经不能胜任，需要调整。同时，对于不胜任的管理者，也没有一概否定，而是人尽其才，从管理者的成长和发展视角建议其调整到更能发挥其优势的岗位上去，减少对核心业务的负面影响，从专业角度和领导力角度体现了一定的预见性和成熟度。这体现了 ZM 公司人力资源部对领导力的领悟深刻和理性的一面。

第二，ZM 公司对管理者的任用存在明显短板，不胜任的管理者会逐渐削弱组织能力。创业型企业进入成长期，元老级管理者与职业经理人之争逐渐白热化。ZM 公司如很多创业型企业一样，没有意识到职业经理人的价值，仅凭信任、忠诚这些主观、难以量化的标准去选择和衡量管理者，导致已经不胜任的管理者被放在重要的岗位上，隐性地造成业务短板、优秀员工流失、上下级矛盾增加、团队凝聚力下降等，削弱了组织能力，也容易使员工对公司的管理水平和企业文化导向产生负面的认知。这是一方面。另一方面，按照彼得原理，如 WP 这样的管理者，在选拔和任用下属时，由于自己的不专业和不自信，常常会选择能力不如自己的员工，这样虽然可以更好管理和操控下属，但导致整个团队的能力因此不断下降，影响组织能力的提升和进步。同时，这样的管理者在管理中会激化团队矛盾。按照格雷欣法则，一旦团队中专业能力差的员工增加，达到临界点，能力差的员工就会排挤优秀员工，优秀员工就很难留任。

第三，管理者缺乏"自以为非"的自我批判思维。以 ZM 公司为代表的创业型企业在快速发展过程中，随着企业取得商业成功，被任用或提拔的早期创始团队的管理者已跟不上企业的发展，能力上存在短板，却自以为是，缺乏"自以为非"的自我批判思维，在管理过程中难免主观僵化、简单粗放、权变不足。例如，ZM 公司的管理者 WP，没有对两位下属同时提出绩效异议内省过，也没有对下属的连续离职、下属关于调薪问题、关于调岗问题的投诉反思过，只凭借自己的主观经验去管理团队，既难以凝聚团队、提升业绩，也难以驾驭比自己业务能力更高的下属，更不能通过任用专业能力更强的下属带动团队能力提升。

第四，管理者不能随组织发展而学习、成长。例如，管理者 WP，对于行业、产品、经营、管理等方面发生的变化不敏感，没有去钻研，不愿学习，抱残守缺，在业务层面和管理层面均处于劣势，仅仅是躺在功劳簿上曾经的功臣而已，这是一种一劳永逸的思想，已经不适用于乌卡时代。乌卡时代的复杂多变要求管理者必须与时俱进，没有永远的"功臣"，只有一时的"名将"。

第五，由管理者引发的不公平感会促生消极组织公民行为，降低组织效率。按照公平理论，一位员工可能会为公平对待他的上司卖力干活，但是一旦受到不公平的对待，就会倾向于消极怠工，甚至出现离职等一系列消极的组织公民行为。马克思认为，人的本质是一切社会关系的总和。社会心理学认为，人是社会的产物。人本身无法避免在团队中相互比较。所以，公平感直接影响职工的工作动机和行为。促进和保证公平，也是减少上下级矛盾、塑造团队凝聚力、促进组织绩效提升、保留人才的有效手段。

其他组织韧性因素如资本韧性，在创业型企业成长期企业忙于获取资源、扩张发展的时候，并不是组织韧性建设的重点。

　　通过辩证地分析创业型企业这一阶段的组织韧性优势和劣势，本书研究发现，曾经的组织韧性优势可能随着组织的发展而消失或不能再被称为优势。例如，很多创业型企业早期的战略具有灵活性和弹性，但随着组织规模的扩大，组织架构层次的增加，组织的信息传递和上传下达的周期更长，审核节点的层层增加，组织效率降低，客观上已经不存在灵活、动态调整战略的优势。而很多创业型企业对元老级管理者的信任，也不能再称为优势，甚至可能因为错误任用这样的管理者而造成灾难的后果。轻则导致业绩下滑、优秀人才流失、团队凝聚力下降等，重则对雇主品牌、企业文化等产生负面影响。但很多创业型企业的经营者和管理者常常把以往的优势视为永久的优势，把以往的经验视为持续有效的经验，思维容易固化，在乌卡时代不能够动态、辩证地及时调整，做出改变。这就需要运用辩证法来看待优势和经验。

　　由此，韧性强的创业型企业进入成长期，其组织韧性的重点不再是保障生存，而是在如何取得稳健、良性增长的同时过渡到规范化、体系化管理的阶段。"野战军"迟早要转变为"正规军"。初创期管理者敢打敢拼、快速突破、不拘一格、取得战果就是英雄的胜任力特点，需要转变为对业务和管理有深刻认知，谙熟组织发展的规律，有前瞻力、洞察力、判断力，经验丰富的成熟型职业经理人特质。这个过程很多创业型企业到发展后期依然无法实现而导致发展迟滞，遇到瓶颈。这一时期创业型企业的组织韧性往往伴随着公司扩张过程中对各级管理者的逐渐放权，放手让更有经验的管理者驾驭团队，最高管理层在统筹协调的过程中发挥作用，对于组织有效性的评估也不在于短期的"一城一池"、井喷式的"指数级增长"，而是长期的良性发展、持续的稳健增长。这一时期，组织韧性的创新体现在领导力韧性塑造过程中的灵活性，进而保障其有效性。比如，在人力资源部可以干预的范围内，推动组织整体领导力的提升，并创新性地采用一对一辅导和教练的方式，对管理者的管理行为进行辅导和纠错，在源头上将管理者犯错的概率降低。同时，采取灵活的搭配方式，即如果评估管理者能够独立开展面谈，就放手由管理者去面谈，如果评估管理者尚不能独当一面，就由 HR 和管理者一起面谈。这是很多公司难以达成的。对于大部分公司而言，领导力的提升往往以培训为主，演练和一对一辅导是时间成本较高的方式，更容易招致管理者的不理解。但 ZM 公司人力资源部推行得很好，并获得了管理者的正向反馈。

第三节　韧性3.0阶段——痛定思痛、螺旋上升的韧性内省期

一、分析框架

关于韧性 3.0 阶段，由前文的三个典型场景剖析矛盾冲突，即管理中的人性观、组织核心竞争力与创业初衷，以此引申出组织面临的关系韧性、资本韧性和文化韧性挑战，并由韧性挑战寻找组织韧性框架、创业型企业组织发育、进化论中的人性、心理资本方面的理论依据，根据理论分析组织的韧性对策（见表4-3）。

表4-3　分析框架——韧性3.0

场景冲突	韧性挑战	理论依据	韧性对策
① 管理中的人性观； ② "百花齐放"与"唯精唯一"之争	①关系韧性（员工关系）：违背人性还是尊重人性？ ②资本韧性：能救一时还是能救一世？ ③文化韧性：创业初衷在哪里？	① 组织韧性框架模型——关系韧性、资本韧性、文化韧性； ②创业型企业的组织发育——鲜桃理论； ③进化心理学相关理论； ④心理资本理论	①减少组织内部的变化、提高稳定性有利于组织韧性的塑造； ②借用资本是一时，不能把资本当拐杖； ③找到核心竞争力并坚持下去； ④组织韧性与个体韧性搭配使用

二、理论溯源

组织韧性理论——组织韧性框架模型认为，"员工第一"是高韧性企业的原则，打造利益共同体是关系韧性的塑造重点。只有员工才是创造价值的主体，高韧性企业将"员工第一"确定为首要的经营原则。在所有危机中，最大的危机是凝聚力的瓦解。高韧性企业致力于在平时塑造与员工之间的互惠关系，提高员工敬业度和凝聚力。"员工第一"不能成为炫耀的口号，而要真正成为企业经营行动的准则，危机来临时，就是检验这一原则的最佳时刻。基于"员工第一"的原则，高韧性企业持续创新管理模式，发挥每一名员工的价值，持续提高员工的工作效率，并通过为员工提供安全的工作、富有竞争力的薪酬，打造利益共同体。与员工建立互惠关系，就需要给员工提供发挥能力的平台，最大限度地激发员工的潜能。还需要信守承诺，不能开空头支票，承诺不在于多少，不在于语言多么华丽，不在于多么诱人，而在于兑现。不兑现承诺是对组织信任和组织情感最大的伤害。通过虚假的承诺来骗取员工的信任是最愚蠢的行为，是对组织韧性最大的破坏。

在所有的组织资源中，资本是可以直接把企业拉出危机泥潭的核心要素。稳健的资本政策能够平衡债权融资和股权融资两种模式，塑造资本韧性。这种韧性兼顾了当下的短期业务与未来的长期业务，在规避经验风险的同时，能够把握未来的发展机会，促进企业实现可持续发展。

文化韧性对于组织韧性而言至关重要，对组织内部而言，塑造至善文化，打造命运共同体意识是组织的关注重点。至善文化体现了更多的柔性智慧，如"刚柔并济"的巧妙运用，既注重塑造员工的奋斗精神、拼搏精神、勇士精神，又注重培养"快乐与关爱"的精神。高韧性企业在文化韧性的塑造上，还尤为注意员工对组织的长期承诺，并意识到长期承诺的底层土壤是"文化一致性"。一致性的承诺是根本。至善文化包括三种主要特征：首先尊重和顺应人性，在管理中不忤逆人性，致力于在组织中提升每个个体作为组织成员的意义、参加工作的意义，这是将人类与其他动物区分的底层动机，是人的本质的价值体现。其次，尊重和顺应企业的本性。从商业组织的角度进行商业活动，体现商业组织的价值——为客户创造价值，为股东带来利益，为员工提供工作，为社会贡献力量。这些属于企业的本性。最后，将"利他"置于核心位置。利他意味着牺牲局部利益，成就整体利益。

创业型企业组织发育——鲜桃理论认为，创业型企业到了制衡阶段，企业从量变到质变的需求变得越发迫切，否则企业的扩张一旦超过临界点，面临的问题就会越来越多，组织需要变革，或者升级，或者转型，总之，需要从根本上对组织架构、管理机制等进行调整和重塑，否则将功亏一篑。而到了文化阶段，企业文化的重要性开始凸显，随着组织规模的扩大，依靠组织架构维系的管理机制已不足以满足企业日常生产运营的需要，企业文化作为一种隐性的、统一理念和行动的机制发挥的作用越来越大。企业文化本质上是企业的行为指南，包含了对企业所鼓励的、所提倡的行为的立场和态度。它也是一种组织内部的牵引机制，具备一定控制和规范的作用。

进化心理学相关理论认为，人类对于安全感和稳定性的追求根源于漫长的进化，安全感是人的本能反应。由于人类情感天然喜欢安全感和确定感，因此绝大多数人的选择都倾向于稳定。在人类社会中，人们害怕波动，厌恶不确定因素，因为它时常让我们遭受损失、陷入挫折甚至导致死亡。

心理资本理论起源于 2004 年，美国管理学家卢桑斯创造性地将积极心理学的思潮扩展到组织行为学和人力资源管理领域。心理资本是一种积极的心理状态，是一种在个体成长和发展过程中展现出的正向力量，包括韧性、自我效能、希望、乐观，其中韧性（区别于组织韧性，这里理解为个体韧性）是一种可习得的能力，具备开发的可能，能使人从压力、失败、冲突、逆境中快速恢复。有研究者用实证研究证明了培训干预在提高工作场所韧性方面的有效性。有韧性的领导者与员工的特点包括：持续学习，随时准备改造自己以适应变革，对自己负责，也对组织负责，能够开发新的人力资本与社会资本。

三、场景解剖

在韧性 3.0 阶段，ZM 公司面临着较为艰难的经济形势和行业环境。自清洁机器人行业经过了一路狂奔开始增速放缓、销售下降。新进入者更多，赛道更为拥挤，产品同质化程度高、创新少，竞争更为激烈。中美贸易摩擦持续，供应链和工厂的交货期依旧不稳定。国内部分城市拉闸限电，生产也受到影响，开工不足，产能跟不上。国际局势动荡导致海外出口受挫，货物运输周期被迫延长，来自俄罗斯、乌克兰及中东欧的订单锐减。而受新冠疫情影响办公效率和员工心态也波动起伏。

从乌卡理论的视角分析，行业增长下滑，早期红利期已结束，更多竞争对手入局，行业竞争格局更加复杂和模糊；中美贸易摩擦的持续对经济形势的影响具有复杂性和多变性；国际局势动荡带来欧洲市场的模糊性和复杂性；国内部分城市的拉闸限电使产能出现不确定性和多变性；新冠疫情导致生产经营一度停滞，带来复杂性和不确定性。

场景一的冲突点在于：员工在组织目标频繁变动、决策反复的情况下，透支了耐心，动摇了信心，对自己仅仅作为执行者、无法参与决策、能力没有被认可感到灰心，对公司没有兑现职位和股权的承诺感到失望，出于能力发挥、稳定发展、职业生涯等因素的考虑，提出离职。从这里可以看出，对于智能垃圾桶这样的非核心产品，该产品负责人没有多少话语权，更谈不上决策权。产品线负责人也没有决策权。决定由创始人做出，包括人事任免上。从员工的角度看，利益受损后选择离职是及时止损，避免更大的沉没成本。员工在入职前推掉了其他公司的邀请，降薪来到该公司，付出了机会成本和薪酬成本，说明员工对公司是认可的，对公司未来发展是看好的。而公司在该员工入职不到 4 个月，尚在试用期就空降了一位直线上级，且没有兑现当时的职位承诺，这是对自己能力的不认可，且因为其"保守"就换帅，评价不够全面和客观。员工尚在试用期内，对于重要岗位，能力的考核不是短期内能够完成的，能力的发挥需要时间也需要机会。长期激励方面的股权协议也迟迟没有签署，也掐断了员工可能与公司长期利益捆绑、共同发展的可能性。同时，员工在离职前也与其他管理者进行了交流，预测到自己未来的发展轨迹可能不乐观，更坚定了离职决心。在这种情况下，员工几乎不可能留任。对于 ZM 公司而言，一个非核心产品负责人的去留不算大事，但潜在的隐忧在于，离职员工的评价往往是企业雇主品牌的真实反映。任何一个行业，从业人员是有限的，竞争对手之间多少有人员往来，负面评价越多，对企业的品牌和招聘越不利。此外，一个非核心产品是否上马，不应该由创始人去单独决策。企业发展到成熟阶段，权责分明、各司其职是基础。否则，微观管理不仅会把员工变成执行者，还会降低组织效能，也不利于信任感的营造。

在员工离职问题凸显后，人力资源部回溯了多位员工的离职访谈，通过量化统计，认识到了多变、反复的决策对员工心理的影响，于是双管齐下，探索同时从个体和组织两个方面提高韧性，降低员工离职率。个体韧性层面，采用效果较好的培训方式，辅以心理咨询、读书会、分享会等形式。组织韧性层面，通过制度设计，指标考核的加入保证管理者对员工留任负起责任，导师制度给予新员工关怀和帮助，并开展团队凝聚项目，改善员工体验。

场景二的矛盾在于短期与长期发展的矛盾。ZM 公司由于前期的大规模扩张，许多新项目匆忙上马，导致现金流出了问题，创始人急于在短期内改变公司的营收现状，寄希望于"外来的和尚"，但招聘高端人才遇到瓶颈，难以突破。一方面，可能招聘标准过高，导致进入面试的人选有限；另一方面，创始人对人力资源招聘方面认知局限，比如人才市场的结构性失衡导致高端人才总是稀缺的，用人才市场总人数来衡量能否招聘到人是不合理的。另外，创始人对候选人不切实际的过高期待，凸显了其对现金流的焦虑心态，也埋下了员工高离职率的隐患。ZM 公司短期发展遇到困境，不得不寄希望于外部资本的注入改善局面。虽然前期的规划很理想，但是面对现实更重要。

场景三的焦点在于：创业型企业一路奔跑了四年多，对于文化价值观没有系统梳理过，说明企业没有充分意识到文化价值观的重要性和意义，也没有意识到资本方对于文化价值观的重视，同时说明企业把太多的时间和精力投入在商业经营中而忽略了软能力的塑造，发展方面不够平衡。而创始团队成员关于文化价值观的内容在对创始人理解的基础上充分讨论，不仅是一个回顾的过程，还是统一认知、知行合一的过程。文化价值观不仅是认知问题，还是行动规范问题。行为化的文化价值观才是有价值的，而不是标语和口号。经过企业文化价值观的梳理，管理者开始反思和内省，认识到以往战略的错误和不足，尤其注意到在进行战略规划的时候，需要分辨增长的本质，到底是自身能力的优秀还是行业红利的加持造就了成功。面对行业形势急转直下之后的增长困境，以及多品牌、多品类策略难以为继的局面，管理者找到了对策——战略聚焦，砍掉非核心产品线和同质化的品牌线，仅保留核心产品和一个品牌，也就是聚焦发展的精一战略。

四、韧性分析

韧性 3.0 阶段，在 ZM 公司的生命周期中，属于创业型企业的制衡期和文化期。挑战来自质变势在必行，必须进行转型或变革，不能再靠资源投入获得增长，同时要实现以企业文化为核心的规范管理。ZM 公司在文化上的挑战已经初步完成，组织变革正在进行中。

这一时期的组织韧性分析主要包括以下三个方面：

1. 关系韧性

第一，人力资源部通过员工离职访谈的资料，捕捉到这一时期 ZM 公司关系韧性的短板，并以"员工第一"为原则出台人才保留计划，员工个体层面和组织层面分别采取措施，共同提升关系韧性。与员工建立互惠关系，打造利益共同体，并取得了一定成效。

第二，部分经营者和管理者在员工招聘时给予的承诺没有兑现，成了空头支票，对组织信任和组织情感造成重大伤害，这是对组织韧性最大的破坏。在员工眼中，经营者和管理者是公司的代表，经营者和管理者的言行都是公司意志、公司企业文化等方面的体现。

第三，员工关系的经营刚硬有余、柔性不足。ZM 公司仅重视塑造员工的奋斗和拼搏精神，不重视培养"快乐与关爱"的精神。比如，对于决策背后的逻辑，不阐述原因、不说明意义，却要求员工快速执行，员工难以理解，只能被动执行，损失的是员工的工作积极性、主动性、工作的乐趣、工作的意义感。特别是对于很多科技类企业，大部分员工属于知识型员工，受过良好教育、眼界开阔，有较高的专业能力、独立的判断能力和较高的认知能力，要求这一类员工"被动执行"是很难的。从心理资本理论分析，这会挫伤员工的自我效能感。这一类员工的职业发展机会非常多，往往在职场中深受追捧，如果雇主不懂得尊重、信任、放权，很可能会导致这一类员工的流失。

第四，员工关系的经营没有重视对人性的遵从，频繁的变化让员工丧失安全感。按照进化心理学的相关理论，安全感是人的本能追求。由于人类情感天然喜欢安全感和确定感，因此绝大多数人的选择都倾向于稳定。人们害怕波动性，讨厌不确定因素。员工一旦丧失安全感，就不可能全身心投入工作，工作效率自然降低。长期的频繁变动透支的不仅是员工的身体承受能力、心理承受能力，还有对公司的信任。

2. 资本韧性

在行业发展形势下行时，ZM 公司依旧凭借自身实力和行业口碑获得了36 亿元的融资，利用资本杠杆为后续长远发展铺平道路，同时把握了未来了机会，为企业持续增长储备了资源，表现了强劲的资本韧性。这是难得的优势，毕竟不是所有企业都能得到融资。但同时也留下疑问，外部资本能救得了一时，能否救得了一世？

3. 文化韧性

创始人和其他创始成员回溯 ZM 公司的企业文化价值观，达成认知共识，宣贯并行为化，取得了重要的文化共识，达成了知行合一的基础，初步完成了企业文化价值观的梳理、传达和行为化，表现出了良好的文化韧性。

由此，韧性强的创业型企业进入创业型企业的制衡期和文化期后，其组织韧性的重点不单单是打造规范化、体系化管理体系，而是本质上的组织变革和根本性的企业文化塑造。这是创业型企业基业长青、摆脱脆弱性的关键，也是很多创业型企业折戟沉沙、功败垂成的"滑铁卢"。创业型企业要完全摆脱以往资源投放型的增长模式，并注意规避企业文化上可能存在的"无源之水、无根之木"的状态，挖掘吻合自身特质的企业文化，以此为根基，长成参天大树。要特别注意企业文化不能只是喊口号，企业文化如果不能行为化、不能践行，都是空话。虽然很多创业型企业在制衡期和文化期是比较艰难、不容易成功，甚至犯了很多错误，走了很多弯路的，但是对错误辩证地看待、正确地认知还是非常必要的。不犯错误的企业不会成长，错误也不意味着企业就走向黑暗。错误是让企业更客观地认识自己、不断修缮自己的契机。一路磕磕绊绊、踯躅前行是企业的常态。特别是企业的经营者和管理者，不必追求完美主义。

这一时期，组织韧性的创新体现在人力资源领域创造性地在组织韧性和个体韧性方面双管齐下，通过培训、心理辅导、绩效指标管理、读书会、户外活动等方式搭配使用，取得韧性提升的叠加效果。按照心理韧性相关理论，在韧性、希望、乐观、自我效能感四个方面进行培训、培养和塑造，会有效提升员工的心理资本。而个体心理资本对组织韧性的影响巨大，由心理资本强大的个体构成的组织，其在面对多变、不确定、复杂、模糊的乌卡情境时，也更容易克服困难、渡过危机。这一时期组织韧性更多依靠企业文化价值观的宣贯和行为化发挥作用。组织韧性的演化也越来越内敛和隐性。

第四节　韧性4.0阶段

在展望未来的韧性4.0阶段，本部分从理论溯源、设想来源和设想模型出发展开讨论。

一、理论溯源

由于前文多次提到组织韧性框架模型，因此这里不再赘述。本部分根据创业型企业组织韧性方面的实践，补充两个组织韧性管理中指导性和实用性较强的理论——学习型组织理论和组织能力杨三角理论，这两个理论的优势之一在于不仅适用于当下，还适用于未来的组织形态。在实践中，两个理论如果能与组织韧性理论、组织韧性框架模型搭配使用，以组织韧性框架模型为主，学习型组织理论和组织能力杨三角理论为辅，可以更好地应对国内创业型企业面临乌卡时代情境的一系列挑战。

1. 学习型组织理论

在权力控制型企业管理中，等级权力控制是以等级为基础，以权力为特征，对上级负责的垂直型单向线性系统。它强调"制度+控制"可以使人"更勤奋地工作"，达到企业运营的目的。权力控制型企业管理在工业经济时代前期发挥了有效作用，进入知识时代以后，这种管理模式越来越不能适应时代发展和市场变化以及组织发展的需要。学习型组织理论就是在这种背景中产生的，学习型组织的最初构想源于佛瑞斯特教授。彼得·圣吉则是学习型组织理论的奠基人。彼得·圣吉在1990年完成的代表作《第五项修炼——学习型组织的艺术与实务》中系统总结了学习型组织的先进性，他洞悉到现代企业的短板是缺乏系统思考能力，缺乏这种整体动态的搭配能力就难以使组织进行有效的学习。而造成这种局面的原因，就是现代组织的权责分工使组织更像是由独立的、割裂的模块构成，组织中的个体首要考虑的是自己的业绩指标而不是组织的共同目标，当组织的共同目标存在责任均摊时，个体就不用为行动结果负责，就不会主动修正自己的行为，也就无法有效学习。而学习型组织主张通过充分发挥员工的主观能动性去构筑一个柔性的、扁平的、符合人性的、有机的、能持续健康发展的组织，并使组织充斥着一种弥散性的学习氛围。学习型组织勾勒了知识型组织的理想画像。这类组织通过持续的学习、改进、自我洞察、自我修正和自我升级，使组织绩效高于个体绩效之和。较为适合以知识型员工为主体的现代组织。

学习型组织理论包括五个要素：一是建立愿景。愿景统一了组织上下的方向，形成组织共识，凝聚了组织中不同部门的力量，促成个人积极贡献、为组织目标奋斗的状态。二是团队学习。通过集体讨论，发挥团队智慧，做出最佳决策，同时帮助个体找到不足，增加团队凝聚力。三是改变心智。很多时候，人的心智模式难以改变，很多组织进步的障碍不是源于客观条件，而是源于个体的心智模式，如本位主义、自我中心等。通过团队学习和标杆学习，打破旧的思维习惯，改变心智，实现创新。四是自我超越。个体在全身心投入工作时，会激发工作灵感和创造性，促使个体更好地完成工作。在个体目标与团队愿景之间存在"创造性的张力"，这就是自我超越的来源。五是系统思考，破除"部门墙"，避免"只见树木，不见森林"。培养组织成员的"上帝视角"，从整体角度看问题，掌握事物的全貌，洞悉问题本质，还原因果关系。学习伴随组织从创立到消亡的全过程，没有不需要学习的组织，学习型组织对于组织绩效的提升、组织自我超越、组织活力的塑造等诸多方面意义非凡。

学习型组织理论之所以针对创业型企业应对乌卡时代的各种挑战时优势明显，主要在于学习型组织抛弃了使管理者和员工之间产生距离和隔阂的纵向结构，也摒弃了使员工之间、部门之间产生计较和矛盾的支付和预算制度，整个组织呈现的是横向结构。伴随生产的全过程，人们在一起工作为客户创造产品。在学习型组织里，实际上已经把老板排除在外，管理者的角色也被淡化，团队成员负责与团队运营相关的一切决策，团队通过集体决策，力量得到加强。部门之间的界限被减少或消除，同时组织之间的界限也变得更加模糊，这种新结构提供了适应迅速变化、模糊、不确定、复杂的竞争环境所需的灵活性。学习型组织倡导企业通过学习提升组织能力，发挥群体智力，培养和提升创新能力，使组织立足于当下，着眼于未来。大部分创业型企业由于管理者经验欠缺、对管理的认知较为有限，导致在经营管理中犯错的概率高且犯错的成本高，群策群力则抑制了"一言堂""独断专行""闭目塞听"等企业管理中常常出现的问题，降低了管理者在决策中的权重，有效地发挥了集体智慧的力量。另外，学习型组织促使组织管理者运用整体视角而非局部视角来看待和解决问题，有力地打破了组织中的"部门墙"、破除"本位主义"；学习型组织理论所倡导的组织形态更接近人性本质，扁平化、人性化，强调平等，减少了企业管理中常见的上下级之间的矛盾和对立，减少了人与人之间的摩擦。学习型组织理论在与组织韧性理论搭配使用时，能够发挥其柔性管理的优势，通过平等的、友好的、兼容并包的、欣赏式探询式的集体讨论代替强制性、控制性、压迫式的管理手段，自下而上去促进组织进步，自发改善组织运转中的错误，自主纠正经营管理中的问题，充分发挥了人的主观能动性，把每个个体视为组织变革的主体，从而有效地避免了企业的"夭折"和"短寿"。

学习型组织理论前瞻性地预测了未来组织的发展形态，提供了一个广阔开放的视角，也提供了一个充满希望、无限可能的方向。这就意味在实践中，企业管理者可以在此方向下进行各种探索性的实践，比如欣赏式探询、OR-ID、"世界咖啡"等。企业管理者也具有很大的创新空间，可以结合自身企业的特点开发实践的工具和落地方案。

2. 组织能力的杨三角理论

组织能力的杨三角理论由管理学者杨国安提出，该理论认为，成功是战略与组织能力的乘积。基业长青的基础是组织能力而不是利润、营收等商业指标。组织成功仅仅依靠好的战略或方向是不切实际的，还要有组织能力。杨国安认为，"如果说企业在创业初期，客户是第一位，在创业中期，速度是第一位，那么在企业进入发展时期，组织能力就是它要解决的关键问题。"在企业实践中，杨三角理论通过模型（见图 4-2）、工具、方法论的运用，帮助很多企业提升组织能力，也提高了组织韧性。

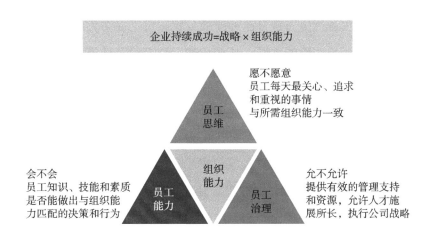

图 4-2　组织能力杨三角模型

在具体的工具和方法论层面，组织能力杨三角理论提供了不少模板和思路。比如，在绩效考核方面，提出了针对管理者的绩效衡量指标，主要包括管理者的管理能力（根据直接下属反馈）、管理者领导力的有效性（根据员工调查问卷，以部门为反馈单位）、管理者能否培养本地人才接替外派人员、管理者向其他部门或职能输送的人才数量等，改变了很多企业管理者仅考核业务成绩，不考核管理能力的认知倾向。在对公司、事业部的关键业绩指标方面，也提出了继任管理计划中有关高潜人才的数量和质量、优秀员工的保留率、内聘员工与外招员工的比率、关键岗位接班人比例等指标，弥补了企业管理中关于绩效考核视角和考核层次的不足。在了解和审核员工思维模式方面，组织能力杨三角理论提出了问卷调查和访谈的方法，而不是很多企业管理者的"自认为"，并提供了七个开放性问题请员工回答：公司在多大程度上清楚了解执行新战略所需要的核心价值观和行为准则；公司在多大程度上有清晰的核心价值观和行为准则；员工在多大程度上认同公司的核心价值观和行为准则；公司高管的言行在多大程度上与公司的核心价值观和行为准则一致；履行工作职责时，员工在多大程度上遵循公司的核心价值观和行为准则；员工在多大程度上清楚自己的绩效目标；员工在多大程度上看到绩效结果与晋升和奖励有明确的关联。这样一来，员工的思维模式就可以量化地进行评估，有了客观依据。在员工治理方面，组织能力杨三角理论认为：如果缺乏相应的管理资源和管理系统的支持，即使员工具备充分的能力和意愿，也无法发挥才干，难以为公司做出最大的贡献，进而影响战略的实施。同时，提供了丰田公司的员工治理模板作为参考：以"以人为本、信任、尊重、高度参与、团队合作"为核心，延伸出合作的劳资关系、扁平式的团队组织、简化的工作分类、平等的奖励结构、严格的甄选和定岗、无裁员政策、信息共享、持续培训等一系列员工治理措施。员工治理是杨三角的关键一环，在企业管理实践中，很多创业型企业在员工治理方面几乎没有建树，导致组织能力和组织韧性在企业不同发展阶段起伏变化很大，缺乏稳定性。

组织能力杨三角理论在帮助创业型企业应对乌卡时代的各种挑战时的明显优势在于：该理论创造性地提出了员工思维和员工治理两个视角，而不单单是员工能力视角，后者恰恰是很多企业管理者关注的重点所在。很多公司喜欢不断地安排培训学习，以为通过培训就可以不断地提升员工的能力，以为员工能力提升了，所有问题都迎刃而解了，可在企业管理实践中，往往培训学习花费了不少时间和精力，组织的问题却依然存在。所以，员工思维和员工治理是企业管理实践中往往最容易忽视的部分，也是很多企业的薄弱环节。对于很多创业型企业的管理者而言，出了问题往往喜欢追责组织中的个人，如果问题对应不到人，那才是出了问题。在这些管理者的认知中，人与责任总是一一对应的，而组织、系统似乎永远没有问题。这些管理者也很少考虑个人能力之外还需要环境、资源的支持，即使一名员工能力再突出，如果缺乏环境的支持、公司其他部门的协同，也是很难取得优秀业绩的。同时，他们容易忽视员工的所思所想和心理状态，导致企业的问题解决总是在表面，无法治本。根本原因是管理者无法认识到问题的本质，组织的顽疾无法解决，组织韧性自然无法提升。员工思维帮助管理者审视员工到底理解了多少、上传下达是否有效、检验上下是否同心、是否"车同轨，书同文"，如果管理者嘴里喊着"橙子"，员工心里想着"橘子"，恐怕组织中的目标还达不成一致。只有管理者和员工想得一致，才能知行合一。而员工治理则是审视组织本身是否满足员工能力发挥所需要的一切，而不是仅仅有员工能力就万事大吉了，强调了组织架构、制度、流程、信息等的隐性作用，避免"巧妇难为无米之炊"的尴尬。

组织能力杨三角理论在企业实践中实操性强，成功案例丰富，易学好懂，往往能够即学即用、活学活用，在组织发展的不同阶段都有很好的指导意义和借鉴作用。该理论强调动态平衡，即企业要成功地打造组织能力，杨三角模型中的三个支柱缺一不可。此外，三根支柱的打造必须符合两个原则：平衡原则，即三根支柱一样长，没有短板；匹配原则，即三根支柱都必须与所需的组织能力协调一致。这样就使杨三角理论可以长期为企业的发展保驾护航。

由此可见，组织的健康和有效性将最终依赖于它诊断自身问题以及培养解决自身问题的能力。

二、设想来源——基于现有组织、未来组织、未来员工、未来行业的思考

回顾 ZM 公司成立五年以来，取得了一定成功，也走过一些弯路，犯过一些错误。本书研究通过查阅 ZM 公司在 2021 年底进行的组织调研（以问卷调研和一对一访谈的形式开展，抽样选取 50% 的管理者及 20% 的员工）发现，在这五年的发展周期，似乎有一些组织韧性的问题总是存在，如果这些问题能够得到根治，那么 ZM 公司的组织韧性将跃升到一个新的层次。这成了构筑韧性 4.0 阶段的主要出发点和设想来源。比如，创始人或公司的实际掌控者对组织的影响是显著的，甚至是决定性的。在创业型企业未达到成熟阶段之前，组织韧性的强弱很大程度上依赖于创始人或实际掌控者的个人能力。而创始人或实际掌控者的个人风格和认知局限带来的挑战，往往也是组织韧性的直接挑战。下面从创始人、管理者、员工三个角度将组织调研中呈现的问题进行列举。

先谈一下 ZM 公司创始人兼 CEO YH 的特点，有以下四个方面：

首先，思维灵活，决策多变。YH 先生毕业于国内一流大学，思维灵活，学生时代开始创业，ZM 公司是他毕业后创办的第一家公司，其身份直接从学生过渡到创始人兼 CEO，没有职场工作经验，对组织和管理缺乏系统的认知和理解，导致对管理者和员工所处的情境、面临的困难不能感同身受，也难以洞察很多管理问题的本质。YH 通常做决策比较快，如看到一篇报道，听说一个热点，往往就会启动新一轮战略、组织或人事上的调整，因此公司战略、组织架构的变化较为频繁。他有时缺乏耐心，往往忽视客观规律，比如一个新产品项目被立项后如果几个月未达营收预期，就会换掉项目负责人，如果再看不到效果，还会再更换项目负责人。创始人似乎总是希望组织的状态是立竿见影的。

其次，模糊管理，边界不清晰。ZM 公司自创立以来从未在公司内部公布过组织架构，YH 对此的解释是：如果把职责明确了，边界清晰了，有些

工作就没有人去牵头了，有些责任就会没人去承担。在创业阶段，很多工作是没有边界的，需要发扬集体主义精神。所以，管理模糊一点才好开展工作。一职多能、一人多职的现象较为普遍。比如，在 ZM 公司，销售总监同时是财务总监；法务总监同时主管审计、知识产权、内控和上市筹备。ZM 公司没有独立的采购部，各部门都可以独立寻找外部供应商。这就容易产生灰色地带，也不利于监管和防范风险。

最后，理想主义，集权与微观管理。YH 在公司战略策略上相对成熟公司，算是走激进路线。在管理方面，随着公司规模的扩大，YH 也开始经常出现在各部门的例会中，随时给各部门以指导。一张设计图，他往往要亲自审核，并要求设计部门反复修改直到自己满意为止，设计部门的负责人则缺乏话语权。尽管公司聘任了不少职业经理人，但是这些人员往往很少有发言权或在公司决策中发挥作用。

于是，多变的决策加剧了组织的乌卡挑战；模糊管理、权责不清又加剧了推卸责任的氛围，形成一种"甩锅"文化；理想主义的战略目标激进虚空，集权束缚了群体智慧，微观管理则打击了信任基础。

这些组织韧性的挑战，对于管理者而言：首先，疲于应对创始人的多变需求。管理者对上要迅速响应战略调整，正确理解，同时要保障向下的部署准确高效，执行到位。管理者经常面对的情境是在上周的管理层会议上创始人要求今年的战略目标是 8 亿元，本周就变成了 16 亿元。创始人大部分时间不会解释变化的原因，只要求贯彻执行，而对于管理者而言，如果不解释清楚，员工就不会理解，执行起来就困难甚至抗拒。多次反复这个过程，员工积累了一定负面情绪，离职就会多起来，管理者就要抽出更多时间和精力去稳定和凝聚团队，但往往收效甚微，因此带团队"打仗"就很困难。

其次，难以向上管理。管理者的来源有成熟的大型知名企业，有新锐的创新企业，大部分管理者头戴光环，掌握所在领域丰富的实践经验，阅历深厚，对业务和管理有深刻见解。管理者对"牵一发而动全身"的影响力深有感触，遇到不符合业务和管理规律的指令，往往希望向上管理，去影响创始人。但创始人并不认为这是问题或这起码不是首要问题，会判断为管理者保守或能力不足。在现有机制下，管理者尚不具备向上管理的话语权和影响力。

最后，受困于理想主义如何转化为现实落地。管理者既要对业绩负责，也要对团队管理负责，既要把创始人的理想主义作为第一要务，还要想办法带领下属去转化为可落地的方案执行，办法乏善可陈。仅依靠自身的职权、能力和经验去打破系统的惯例，犹如堂吉诃德一个人挑战风车，夹在上层和基层之间，矛盾、不理解、误会甚至"下课"都是家常便饭。有的管理者上任不到两个月就被替换掉了，有的管理者工作一个多月就多出了一个汇报层级。

这些组织韧性的挑战，对于员工而言：首先，信息不对称、模糊。公司组织架构受战略变化影响经常迭代，却从不发布，员工关于组织架构的信息来源主要是企业通信网络——企业微信中粗略的部门划分，其仅显示部门和员工姓名，有关部门职责、部门成员的职位以及汇报关系等信息并不明确。日常工作会议也是信息来源之一，很多调整会在一些会议上口头宣布。这就意味着可能参加会议的员工了解信息，而未参加的员工不了解，因而出现信息不对称，员工掌握的信息有限且模糊，很多员工经常苦恼于找不到工作对接人，或者找到对接人的过程比较耗时。由于公司的制度、流程等还在逐步建设中，公示出来的几部制度也比较有限，员工在解决一些不经常遇到的问题时难以按图索骥，而是一事一议，靠个人影响力去推动工作开展，耗时且效率低。

其次，跨地域跨部门协同挑战多，边界不清晰。由于 ZM 公司在北京、苏州、上海、深圳、杭州均有办公区，各地均有业务人员分布，除生产、供应链、客服仅在苏州，研发、产品、市场、销售、人力、行政、法务、财务也均在各地设有办公室。跨地域协同充满不确定性，可能同一个工作任务在北京已经执行了，深圳还在规划方案，上海还不清楚有这个任务。部门职责的不清晰导致边界不清晰。比如，人力资源和行政部门都组织过企业文化活动，员工不清楚该找哪个部门；法务部除本职工作之外，还承担了合规、内部审计、采购审核、知识产权等职能；市场部和销售部先后合并分立三次，职责较为混乱。

最后，工作变化多，被动应对。公司决策层的一个变化会自上而下产生一系列变化，一个品牌的新增与撤销，一个项目的上马与下马，一场发布会的时间调整等都意味着员工层面的工作量短时间激增。员工经常手上跟进 4~6 个项目，最终顺利完成的也就 1~2 个项目，成就感低，自我效能感低。员工的汇报关系也复杂多变。最近的一次组织架构调整中，公司由金字塔式结构调整为事业部式，项目部门与职能部门交叉管理，员工可能双向或多向汇报，KPI 谁来定、绩效考核谁来打分都未确定。很多员工的汇报上级在一年的时间里更换了 4 人以上，员工要不断适应新的上级。有的员工调侃一年内经历了好几个试用期。

以上的组织问题从表面上看，是企业的实际掌控者与管理层之间、管理者与下属员工之间，以及雇主与雇员之间在企业经营管理中面临的各种乌卡挑战。更深一步地讲，是企业的实际掌控者与部分管理者尚没有摆脱管控式思维，依旧沉浸在金字塔式组织架构营造出的阶层优越感中，更多依照习惯、主观经验和本能反应进行简单粗放的而不是科学的管理，并由于缺乏对组织和管理的敬畏和认知，导致出现本可以避免的挫伤组织韧性的行为。

下面就组织和员工两个层面，分析要构筑符合未来需要的组织韧性，需要些什么，同时在认知上企业管理者需要做哪些准备。

首先，从员工层面上看，现阶段以及未来的组织中，员工结构的一个明显趋势是知识型员工的占比将越来越高。而知识型员工在人格特质、心理动机、工作价值观、职业需求等方面有着诸多的特殊性。

特征一：个人素质较高，崇尚专业主义，以专业能力为核心竞争力。知识型员工大部分属于高知个体，受过良好的教育，学历较高，拥有良好的专业知识和技能，视野开阔、求知欲强，学习动机强，工作中崇尚专业主义，综合素质较高。

特征二：成就动机强，主观能动性强，追求自我价值实现。知识型员工普遍具有较强的成就动机，希望在工作中出人头地，追求自我价值的实现，所以难以满足于一般的事务性、重复性工作，更热衷于有创造性、挑战性的工作，并在这个过程中表现出较强的主观能动性，展现个人能力。他们更喜欢宽松、自主、约束少的工作环境，希望在工作中自我驱动、自我管理和自我突破，而不是被管束和限制，按照他人的命令、固定的模板执行任务，被动地工作。

特征三：精神层面的激励较物质激励更为重要。知识型员工更渴望精神层面的激励，如工作成就感、晋升、职业地位、荣誉等，认为成就是最大的激励，是对工作能力和工作效率的认可，而传统的奖金、福利等激励要居其次。同时，知识型员工格外在意他人、上级、组织、社会对自己的评价，希望得到尊重和认可。

特征四：多元化价值观与藐视权威。知识型员工由于受过良好的教育，具备独立的思想，尊重知识、追求真理、不屈从于强权，敢于挑战权威，更倾向于探索真理，发现真理。传统的组织架构赋予的职级权威对他们难以产生绝对的控制力。

特征五：工作过程难以实行监督控制，工作结果难以直接测量和评价。知识型员工由于所处的工作环境具备典型的乌卡特质，工作要随时根据内外部环境和条件的变化而调整，因此很多时候传统的工作流程、步骤、制度难以支撑其工作过程，所需要的资源也常常匮乏，需要灵活多变、自主创新，工作中更加依赖个人能力和创意巧思。灵感的迸发往往随时随地，可能发生于工作环境或工作时间以外，所以传统的监督控制没有意义，很多工作结果难以量化，特别是很难用经济指标衡量，或者其意义在远期而不是当下，也不容易直接衡量和评价。

特征六：高流动性的职业选择。城镇化步伐的加快激活了人才，使人才流动变得容易。而知识型员工与不同的雇主交换的是头脑中的智慧，而不是固态的生产资料，所以往往拥有更高的职业选择自主权，一旦工作不能满足其职业目标和职业理想，则很可能良禽择木而栖。知识型员工更可能忠于其职业理想和职业操守，而不是忠于某个雇主。

其次，从组织层面上看，未来的组织演化可能朝着更加扁平、共赢、人性化、自主管理的方向迈进。除了前文提到了轻足迹组织，还有一些组织发展趋势日益显现。

陈春花认为，在个体与组织的关系方面，因为互联网技术和个体价值的崛起，由个人服从组织目标的"服从关系"转变为个人与组织的"共生关系"。共生型组织具备三个特征：一是组织难以依靠自己独立存活。所有有形的、无形的东西都悄然存在着显性或隐性的连接。二是经验不再总是有效，过去的成功可能是明天的障碍，没有所谓的成功的金科玉律。企业应该关注的不是经验的总结和如法炮制，而是顺应最新的时代，做了什么，能做什么。三是难以预测未来，没有必要做预测。要顺应潮流，洞悉环境，不断调试。

比利时独立研究者弗雷德里克·莱卢认为，未来组织是青色的，在这个阶段，生命是一段个人与集体朝向其真实本质不断发展的旅程。青色组织是一个自主管理系统，包含三个特征：一是组织会更扁平。金字塔式架构让位于更扁平化的组织架构，高层弱化，中间层消失，职能部门最小化。青色组织没有高层和主管，团队自主确定工作方向，分析问题，制订计划，评估业绩，没有高管团队，高层没人开会。项目管理被简化至最小限度。团队沟通协调采取更轻便的快速小组沟通。自主管理系统用信任机制取代了管控机制。二是任何人都可以做决定。与传统组织领导永远是制定及拍板战略者、员工负责实施不同的是，青色组织的战略由小组成员集体讨论，每个人都对战略负责，每个人都必须发挥主观能动性，朝着共同的使命前进。比如，美国能源供应商 AES 公司的"建议流程"决策法：当使用建议流程时，任何人可以做任何决定，但必须事先征求相关利益者和专家（知识层面）的建议。决定权在提议者手上，同时他必须对此负责。"建议流程"避免了"一言堂"的权威，又避免了"达成共识"的低效率。三是员工可以"做自己"。很多人在踏入职场的那一刻起，就不得不戴上人格面具，害怕说错话做错事，担心得不到认可。传统组织要我们展现果敢、魄力和忠诚，隐藏怀疑和脆弱，而我们感性、直觉和灵性的部分通常被认为是不适合于职场的。缺乏创造力、思维固化是这类组织的通病。而青色组织的员工没有这个负担，能充分发挥创造力与潜能。青色组织认为，人生的终极目的不是成功，而是能够最真实地表达自己，尊重自己的天赋与使命，服务人类及全世界。

不管是共生组织还是青色组织，以陈春花和弗雷德里克·莱卢为代表的中外学者对于未来组织的发展预测都有相似的趋势：扁平、人性化、自主、共赢、集体智慧。这些趋势帮助我们识别未来组织管理中的关键要素，帮助我们重新定义未来管理者的角色，也帮助我们塑造适应未来组织特征的组织韧性。

除组织和员工层面以外，本书研究尝试预测 ZM 公司所在的行业未来可能发生的变化。未来，我国的扫地机器人产品已逐渐普及，成为现代家庭中经常使用的家电品类，并有可能像其他白色家电一样成为中国家庭的清洁好助手。扫地机器人将由初级智能阶段迈向高级智能阶段，并很可能在未来完全取代人工。未来的自清洁机器人行业可能出现以下趋势：

趋势一：模块化集成，多任务并行。

扫地机器人将在现有的扫地、拖地的基础上进行模块化集成，扩展到室内监控、空气净化、情感交流、智能写字板、健康助理等，实现一机多用，并有可能成为智能移动终端，可以兼具路径规划、软硬件交互接口等功能，同时相关功能可模块化加载或卸载，用户可以自主、个性化选择。扫地机器人体积小、重量小等特点会成为其作为智能移动终端的独特优势。而这对企业的"嫁接""共生"能力提出了新的要求：能否跨领域与相关技术公司达成合作？能否有效整合上下游资源？技术更全面、更集成的企业优势更明显。

趋势二：更智能、更交互，迭代更快。

扫地机器人的工作环境是由已知的静态障碍物和动态障碍物（如人、宠物）所组成，自主导航技术的好坏直接决定了扫地机器人产品是否好用。涉及定位、算法、传感等多种技术的自主导航具有较高的技术复杂性，所以行业门槛较高。随着人脸识别、声源定位、指纹识别、图像处理等技术的成熟，扫地机器人可以融合更多技术而变得更智能，满足更多元、更频繁的交互场景的需求，进而提高产品的人机交互能力。随着应用场景的多元化，全局规划类产品可能成为主流。不排除未来的产品可以自我学习、社会学习，具备自主处理问题的能力。由此，对于企业的创新和研发能力也提出了更高要求。产品迭代的速度将更快，技术领先者优势更明显。

趋势三：大数据定乾坤，"马太效应"凸显。

行业的头部企业每年售出数百万台扫地机器人，在产品使用过程中会产生不断更新的海量数据。基于数据挖掘和数据洞察，企业能够更精准地理解和把握消费者需求，并经由客服反馈到研发，不断迭代、优化和创新，提高产品满意度，让消费者获得更好的产品使用体验。在这个过程中，头部企业与中小企业的差距将越拉越大，"马太效应"凸显，行业可能出现"强者恒强"的局面，对于中小企业或创业型企业来说，如果没有充分的竞争策略，则难以在行业中取得竞争优势。

基于以上对微观层面的现有组织、宏观层面的未来员工、未来组织和未来行业的分析和预测，本书对 ZM 公司未来可能面对的各种乌卡挑战、可能出现的组织演化趋势以及组织韧性的演化趋势进行了提炼和归纳，如表 4-4 所示。

表4-4 基于未来的趋势预测

乌卡挑战	组织的演化	组织韧性的演化
①自清洁机器人行业竞争白热化，创造力变得稀缺，行业进入完全、充分的竞争阶段，创新越来越难。物联网与机器人两个领域的嫁接可能成为新的行业发展趋势； ②面对严峻复杂的国际局势和世界经济形势，供应链和出口形势依然严峻； ③国内经济增长趋缓，出现产能过剩，产品同质化严重。创业难度增加，失业等可能成为备受关注的社会问题。消费者可能从消费升级转变为消费降级，消费趋向于保守； ④工作复杂性增加，简单的、操作性、重复性劳动日趋减少或被人工智能替代；工作场景智能化、无人化趋势明显；工作边界趋于模糊，劳动者可随时随地介入工作。居家办公可能成为主流。工作场景的演化一定程度上增加了劳动者的工作时间和工作投入，导致压力、焦虑、心理耗竭等增加； ⑤低欲望逐渐成为主流思潮，新一代劳动者更向往稳定、压力小的工作，在意工作和生活平衡； ⑥知识型员工数量增多、在组织中比重增加，知识型员工自驱性强，成就动机强，自我意识凸显，向往自主工作。随着低欲望思潮的出现，劳动者优先选择专业类岗位而非管理类岗位，可能出现权力动机的下降、交往动机的增强。劳动者更为重视工作意义和自我价值的实现； ⑦类似于轻足迹组织、青色组织、阿米巴组织等新的组织形态继续冲击传统的金字塔式/矩阵式组织的主流地位。组织生态更为多样，看待组织的视角也将更为多元。与商业成功相比，社会责任感将逐渐成为雇主品牌的重要组成部分	①生产端和质量控制端实现无人化。ZM公司已经实现的"黑灯工厂"智能化水平将进一步提高，由部分生产线实现工业机器人24小时不间断工作发展为全部生产线；质量端可能实现无人检验，产品出厂零缺陷； ②研发创新依旧是ZM公司的核心竞争力。除内部员工研发，ZM公司可能通过与国内外大学实验室合作、内部孵化、收购等方式实现技术突破和专利积累； ③组织更轻、更快、更灵活、更有弹性、平等、人性化需求上升。ZM公司可以借鉴Google的扁平化网状组织架构，非框架、非结构、非固定，公司有很多"项目经理"。出现难题时，会组成出一个个工作组，由他们分头承担，会存在大量"双重领导"与平行决策。决策逐渐授权给一线，让"听见炮火的人发声"。决策链条变短，执行速度变快。组织的行动不一定来自预先设计，而是随需而动；协调不是来自上级，而是自动自发协同。跨部门协作隐含的部门本位主义顽疾可能由项目制解决，组织趋向于淡化部门角色，强化项目角色。项目负责人考核权重提升。专业技术岗位的重要性凸显，专业能力强的员工逐渐成为意见领袖，并可能由于参加更多项目获得丰厚报酬，实现能者多劳，避免"鞭打快牛"； ④刚性管控体系占比下降，柔性的引导如教练、辅导、共创类活动增加。KPI淡出考核体系，OKR成为主流。职能部门更像外部服务机构，业务部门根据职能部门的服务打分，如果对服务不满意，可以选择外部供应商； ⑤强调集体、淡化个体。没有哪个员工是"超级英雄"，组织将取长补短、兼容并蓄。工作决策更可能由群体做出，如欣赏式探询、ORID、"世界咖啡"等方式。"人人都有股权""人人都是CEO"的局面可能出现，组织通过长期激励把每位员工变成合作伙伴，用内部招投标的形式鼓励内部创业，孵化新的业务单元。组织更像是一个资源配置的平台，而不是传统的资源、技术集成中心。雇主和雇员关系变为合作伙伴，发生质变	①战略韧性：战略韧性在组织韧性框架中依然重要，短期战略规划和灵活迭代几乎取代了长期战略规划。稳健发展、做好内生增长兼顾外生扩张成为ZM公司战略规划的核心； ②资本韧性：企业获取资本加持的难度提升，依靠外部资本取得竞争优势的可能性逐渐降低。保持充足的现金储备、持续提高盈利能力将是企业关注的重点。ZM公司可以将降低成本、提升组织效能作为下一阶段的主要方向； ③关系韧性：企业将持续打造利益共同体。经营好与顾客、投资者、员工的良好关系。增加客户黏性、发展粉丝经济和产品社群、开源和共创可能成为与客户关系的重点，而"员工第一"的理念将随ZM公司组织架构的调整、领导力和文化韧性的优化等被多角度贯彻和落地； ④领导力韧性：领导力重心可能下放，"影响力即领导力"的认知可能成为主流。"人人都是领导者"伴扁平化组织的出现而可能成为现实。管理者的角色转向导师和教练，帮助员工获得成长、少犯错误、发挥所长、提升团队凝聚力将是管理者的首要任务； ⑤文化韧性：作用更加凸显，企业文化将逐渐成为凝聚组织的核心力量。命运共同体的塑造将被重视起来，"尊重人性"成为文化韧性的中心，并可能成为雇主品牌的一部分，为组织带来长期稳定的回报

综上所述，结合 ZM 公司在组织韧性上的既有优势，从弥补韧性不足和平衡组织韧性框架模型的角度，本书研究提出了 ZM 公司基于未来组织韧性的韧性 4.0 设想。

三、设想模型——理性务实、如烹小鲜的韧性成熟期

经过五年多的艰辛耕耘，ZM 公司已经渡过了创业型企业最容易折载的脆弱期，成为幸运的 32.9%。对于早期的创业型公司而言，如果没有足够强的组织韧性，是难以达成这样结果的。而 ZM 公司走过的路、经历过的成功、犯过的错也逐渐沉淀为组织经验，成长为组织能力。展望 ZM 公司未来的韧性之路，几乎可以肯定的是，ZM 公司在组织韧性上将更为成熟和稳健，获得全方位提升，并很可能从如下五个方面做出改观：

第一，战略韧性。在战略方向方面，ZM 公司秉承"内生增长为主，外生扩张为辅"的策略。在行业进入"红海"之后，保持和发扬自身的竞争优势，不做风险超出自身承受力的战略尝试，厚积薄发，在激进和保守之间保持平衡。把体现核心竞争力、最擅长的产品做到极致，唯精唯一，继续将"立足于创新和研发"作为根本策略，先于行业发展趋势取得先发优势，同时使资源开发和利用最大化。而在外生扩张逻辑上，ZM 公司很可能通过并购等方式增加核心业务的实力。在战略增长方面，不再一味地追求"多"和"快"，不再盲目贪图"高"和"大"，不再理想主义地用线性思维和指数级增长制定规划，而是敬畏科学、尊重客观发展规律，实事求是，注重增长的质量和可持续性。在战略决策方面，公司创始人的话语权将有所降低，可能成立战略委员会，集体决议。战略委员会更多倾听来自一线的声音，减少战略规划偏航后再反复调整带来的组织犯错成本。战略决策将更加理性务实、稳健平衡。在战略执行方面，组织架构也会摒弃传统的金字塔式架构，转而向效率更高、应对各种乌卡挑战更为有效的扁平化、网络化的组织演进，项目制管理逐渐代替部门制管理，人才得以激活，员工可以自主选择自己感兴

趣的项目，贡献力量，并获得项目结束后的利益分配。项目负责人的考核权大于部门管理者的考核权，使人才成为公司的人才而不仅是部门的人才。对于出色的项目负责人，公司鼓励其承担更大的责任，内部孵化成为独立的业务单元，实现盈利后成为独立的子公司，而项目负责人可能成为合伙人。组织生态将更加开放和共赢。

第二，资本韧性。ZM 公司将更为虚心地听取资本方的建议，提高资金的使用效率，提高资金的投入产出比；继续奉行稳健资本策略，未雨绸缪、居安思危，并累计商业信用，注重商誉、品牌等无形资产的管理。同时，可能借由战略的外生扩张实现资本利用的最大化。不排除 ZM 公司未来也会成为投资方，去孵化内部、外部更有前景的新业务和新公司。

第三，领导力韧性。在领导力开发和培养方面，ZM 公司会更为系统地培养和任用管理者，用赋能和教练的方式培养管理者，避免外行领导内行的现象，用人所长。同时，组织通过颠覆金字塔式组织架构过渡到更为平等开放的网络化架构阶段，管理上更多放权，发挥团队的力量，通过社会学习打造学习型组织，打破"一言堂"的桎梏。在管理者角色方面，管理者的身份逐渐转向教练，柔性管理成为主流，帮助每一位员工成功、帮助每一位员工发挥所长是管理者关注的重点。在领导力评估方面，绩效考核也会趋向于多元化的视角，利润率、成本等不再是唯一关注点，员工流失率、员工满意度、管理成熟度等组织发展类指标将逐步纳入考核体系。在管理者的考核指标方面，人才培养、人才晋升、继任管理等长期视角的指标也将纳入考核体系。在领导力风格方面，组织中管理者的管理风格将由管控式、家长式管理慢慢过渡到民主式和教练式管理。公司创始团队中能力难以跟上公司发展的管理者将逐步淡出具体事务的管理，转而关注企业文化价值观的建设、无形资产管理、对外投资管理或公司长远发展相关的远景规划。以职业经理人为主体的管理团队慢慢形成。在继任管理方面，公司每年进行人才盘点，识别和发掘具有管理潜力的高潜人才，纳入继任管理计划，通过轮岗、影子见习、行动学习等形式培养继任人才，保障组织在任何岗位的管理者离职 24 小时内能够宣布新的继任者，搭建人才梯队，保障管理的后继有人，避免组织"青黄不接"。在领导力成熟度方面，公司整体管理的科学性和专业度获得提升，粗放、简单的管理形式将逐渐减少，管理中的问题和矛盾逐渐减少。

第四，关系韧性。在消费者关系方面，ZM 公司继续将消费者的需求和痛点放在首位，满足消费者的个性化需求；可能会更为重视行业趋势报告，并利用第三方调研机构对消费者需求进行更为全方位、深刻的洞悉。同时，使客户的声音可以轻松传递到组织的每一个角落，使客户有可能成为员工，员工也有可能成为客户。在供应链关系方面，逐步降低国内外形势等带来的原材料供应和代工厂产能风险，塑造自主供应的能力。在员工关系方面，ZM 公司会更为关注以往不太重视的员工关系，让组织成长期加入的优秀人才发挥最大化价值，扭转人才流失的态势。通过扩大股权分配的范围，让更多员工从雇员成为股东，最大限度地发挥员工主观能动性，增加员工的归属感；让员工的职业态度从"从事一项工作"变为"成就一份事业"，跃升到新的职业阶段和职业境界；让员工成为管理者、项目负责人、合伙人变得更容易，让"人人都是 CEO"成为现实。

第五，文化韧性。在企业文化的宣传和推广方面，组织的企业文化价值观的宣传、推广将遵循更为科学、人本的轨迹，即先期梳理的文字内容需要由外部心理学专家评估后再推广落地，避免组织内部的认知盲区带来的"知行难以合一"，以及成为挂在墙上的口号的尴尬。在企业文化的行为化方面，ZM 公司会继续企业文化价值观的行为化，把口号转变为行为，树立标杆，使企业文化更加深入人心。在至善文化的塑造方面，ZM 公司将秉承人性化的原则，立足未来视角，回归人性本身，并注重企业文化生态与组织生态的一致性。

柯林斯和波勒斯在《基业长青》一书中提出了"变"是企业发展中的常态，能力的跃迁是任何企业打破常规、"唯变所适"的要义所在。对于组织韧性也是如此。以 ZM 公司为代表的国内创业型企业的组织韧性已经经历了不同阶段的变迁，依然还在演化中。对于乌卡时代的国内创业型企业而言，所面临的环境是瞬息万变的，建立适应环境变迁的组织韧性体系，使组织韧性的演化变迁与乌卡时代的各种挑战相适应，才能使企业基业长青，实现健康的可持续发展。

第五章　研究结论与建议

第一节　研究结论

经过研究和分析，本书认为国内创业型企业运用组织韧性理论和组织韧性框架模型进行组织韧性建构与管理、应对乌卡时代的挑战切实可行，并且具有较强的实用性和有效性。

首先，组织韧性理论对国内创业型公司有较强的借鉴意义和实际应用价值，组织韧性理论与乌卡时代、与创业型企业具有天然的、较高水平的适配度。在乌卡时代的各种挑战下，创业型企业是比较脆弱的，这类企业很难花大价钱去请外部咨询公司为自己出谋划策，现实的途径是依靠自己活下来。所以，组织韧性理论可以帮助创业型企业从自身能力建设、能力提升的视角去构建组织韧性体系，应对乌卡时代的各种挑战，进而转危为机，有利于企业认知、管理危机以及从危机中学习和提升，养成居安思危、未雨绸缪、通过创新将危机转化为转机的韧性管理模式，摆脱"遇到问题便求助于外援"的惯性思维。

其次，组织韧性框架模型构建了一个企业应用的模板，实用性、有效性、推广性较强，对创业型公司具有很好的帮助和指导意义，实践中易用有效，与现有的管理理念和管理方法并不冲突，完全可以并行。

在尝试挖掘国内创业型企业的组织韧性特点和基因方面，本书研究发现：在战略韧性上，国内创业型企业往往能够提出有挑战性的目标，清晰明确、具体可衡量，能够坚持战略的一致性，唯精唯一，能够专注于核心产品和核心技术，并由此打造核心能力。很多创业型企业在创立早期，对行业形势和市场行情的分析判断非常准确，在行业快速增长期扩张品牌线、产品线，整体的战略方向把握正确，战略上保持动态性、灵活应变。战略制定后，能够集中力量全力突破，公司上下团结一致，力出一孔，战略的推动、落地速度快，指哪儿打哪儿、执行力强，组织凝聚力强。在资本韧性上，善于利用资本杠杆，提高资金使用率，抓住机会，实现企业的可持续增长。在关系韧性上，很早便认知到互惠关系是关系韧性的基石。产品上市之初就意识到建立系统的客户管理体系的重要性，重视客户关系建设，而不是盲目乐观于销售业绩。关系韧性管理能够保持长期性、系统性，并有意识地使关系韧性相关的部门在协同配合中磨合默契，形成组织能力。如果发现关系韧性方面的问题，能够迅速出台相关措施，打造利益共同体。在领导力韧性上，对于企业发展过程中遇到的问题，组织内部有足够的洞察力、灵活性，能够快速出台措施有效调整。在文化韧性上，重视企业文化价值观的建设，擅长宣贯文化价值观并行为化，认识到取得文化共识的意义，力求达成知行合一。

在探索组织韧性框架模型在管理实践中的内涵和价值方面，本书研究发现：第一，组织韧性框架模型既是将组织韧性解构为能力模型的一种理论，也是将组织韧性理论应用于管理实践的一种视角和方法。所以，在国内创业型企业中运用组织韧性框架模型构筑企业的组织韧性是一种有益的尝试。第二，组织韧性框架模型中的关系韧性对创业型企业的组织韧性影响较为突出，互惠关系是组织韧性的基石。"水能载舟，亦能覆舟"，企业管理者需要重视组织与员工之间"命运共同体"的构建，营造和谐的雇主与雇员的关系。关系韧性强，很可能事半功倍，提升整体组织韧性的效果显著。第三，企业经营者和管理者往往较为重视组织韧性框架中的战略韧性、资本韧性的塑造，而忽略了关系韧性、领导力韧性和文化韧性的建设，容易顾此失彼，导致组织韧性框架模型五个因素的不均衡，一定程度上影响整体组织韧性效能的发挥。第四，组织韧性在企业不同发展阶段的演化和发展并不是线性的，存在阶段性的侧重方向、强弱变化、作用效果的不同。企业在管理实践中没有必要一味追求企业不同发展阶段组织韧性框架模型的五个方面恒强：一是这样的状态很难达到，即使达到也难以持续；二是韧性恒强也会带来负面效应。五个方面相对均衡地发展，在不同韧性阶段与外部的乌卡挑战和企业的内部状态匹配是较为理想的状态。

在归纳和总结国内创业型企业运用组织韧性理论的经验过程中，本书研究发现：第一，企业在运用组织韧性理论构建组织韧性体系过程中，将组织韧性框架模型与其他管理学相关理论和工具搭配使用效果更好，如创业型企业组织发育的鲜桃理论、组织能力的杨三角理论、学习型组织理论、企业文化相关理论、团队协作理论、公平理论等。第二，管理实践中将组织韧性与个体韧性——心理资本相关工具和方法搭配使用，能够更好地提升关系韧性，进而提升整体组织韧性。第三，企业管理者对于组织韧性的认知尚存在误区。企业的经营者和管理者有时难以区分是自身组织韧性的优势还是所处时代、行业的红利造就了其商业成功，可能出现基本归因错误，把外因归结为内因而忽略组织韧性的建设和管理。这一点也是比较难把握的，因为企业不可能剔除掉时代和行业因素去认知组织韧性，企业也是"局中人"，不可能完全站在旁观者视角完全理性和客观。很多时候，我们是在时代红利、行业红利退潮之后才会意识到这种趋势，难免后知后觉。第四，在企业应用组织韧性理论的过程中，可能出现组织韧性较强的企业习惯依赖自身的成功经验而忽视了组织韧性的内省和检视，错过了改进、优化和提升的最佳时间，导致企业发展受限，困于瓶颈，难以基业长青。

另外，在企业的实践应用中，组织韧性理论优势明显的同时，也难免有其作用边界和局限性，存在着一些盲点和不足：第一，现有的企业韧性理论大部分源自西方学者的研究，其所处的文化背景、国情、经济环境、民族性格、组织发展水平、管理成熟度等与国内相比有显著区别，在管理实践中还是要转化为本土视角，转化为国内企业管理者更容易理解的管理语言和应用逻辑，这是组织韧性理论推广过程中需要注意的。第二，现阶段国内关于组织韧性的研究还难以给企业应用和实践以切实有效的指导，更多局限在理论层面，理论牵引实践还有明显的不足。在管理实践中，企业管理者更倾向于应用一种理论的同时可以得到切实有效的落地工具或者其他企业应用理论的经验和案例，这对于在企业中应用和推广至关重要。第三，组织韧性的测量和评估有待统一。虽然有关组织韧性的研究成果已经比较丰富，其内涵也得到持续的挖掘和拓展，但是组织韧性本质上属于组织的动态能力，其贯穿组织从构建到成熟整个过程的不同阶段，如何对组织韧性进行测量和评估，目前没有统一结论。有些学者运用案例研究等方法对组织韧性进行了测量（Brown 等，2017），创建了一套包含不同测量维度和评估标准的量表，但尚未得出一般性的结论。所以，未来可以在这个领域进一步探索和创新，开发和创建一套可以应用于不同类型组织的普适性的测量和评估工具，从动态演化的视角定量捕捉组织韧性的相关因素，用于检验组织韧性塑造、发展、成熟过程的有效性以及成果的有效性。为组织韧性领域的研究进一步夯实理论基础，为企业实践提供工具和借鉴。

企业在组织韧性理论的应用中还需要结合自身实际去看待理论，取其精华，适当搭配一些管理学和心理学相关理论去应用，并结合企业的实际情况、结合企业不同发展阶段的乌卡挑战去做构建和设计，在工具和方法论方面积极探索、勇于创新，积极听取利益相关方的建议和反馈。

第二节 建 议

本书分别针对组织中的员工、组织以及政府三个主体提出建设性的建议，以供参考。

一、对组织中员工的建议

身处复杂变幻的乌卡时代，个体和组织面临的宏观环境非常相似。例如，在新冠疫情肆虐的时刻，员工较为关注个人安全、工作稳定性、工作保留等，而组织较为关注经营情况、现金流、工作场所安全等，两者都希望组织能够正常运营，较少受不确定性影响。所以，在提高组织韧性的同时，提高个体韧性也非常必要。一方面，个体作为基本社会单元，其韧性的提升会形成一定的涟漪效应，带动组织整体韧性的提升；根据社会学习理论，个人具有向榜样、标杆学习的倾向，组织中韧性较强的员工，其言行举止会对其他员工产生潜移默化的影响。另一方面，提升组织韧性的措施，需要员工知悉、感受、传播和执行，员工韧性的整体提升会促进提升组织韧性措施的落地，提升效果；其他员工，从"从众"的角度看，会跟从群体中大部分人的选择，做出同样或相似的行为。而相对地，个体韧性的塑造要比组织韧性的塑造容易得多。

员工增强"命运共同体"意识，提高个人敬业度、在认知上客观理性地看待组织的不足，塑造个体韧性，将有利于组织更好地在乌卡环境中攻坚克难，转危为机。

首先，增强"命运共同体"意识。员工既然加入组织，就表明组织有一些特质对员工是有吸引力的，员工愿意付出努力去完成企业的任务，以此获得相应的报酬，于是员工与企业达成了一定的心理契约，形成了两者"命运共同体"的基础和前提。在组织遇到乌卡挑战和事件时，员工与企业同甘共苦，同呼吸、共命运，多分担一份风险，多扛起一份责任，多挽回一些损失，多想一些办法，不离不弃，都是对企业的莫大鼓励和支持。众人拾柴火焰高，组织将更有韧性，也更容易从危机中恢复。

其次，提高个人敬业度。员工对工作越投入、越尽责，越有归属感，对组织韧性的提升越有利。通过投入、尽责，员工不仅能在工作中更容易找到工作的意义和价值感，而且更容易产生归属感。员工提高个人敬业度能够降低企业的离职率。而员工在工作中越投入，越容易感受到愉悦，也更容易感受到福流，对自身的身心健康也更为有益，更可能产生积极情绪，而不容易产生消极情绪，在遇到乌卡挑战和事件时，更可能从正向角度思考，并做出积极的应对策略。如果大部分员工都能做出积极的应对策略，组织韧性的提升就有了基础。

再次，在认知上客观理性地看待组织的不足。任何组织都不是完美的，在组织不同的发展阶段，总会遇到这样那样的问题，企业的发展历程就是一路解决问题的过程，员工要学会客观理性地看待组织的不足，对组织做出合理、理性的期待。个体个性化的发展需求与统一的组织目标之间的矛盾总是存在。没能满足个体发展需求，不一定是企业的问题。企业的资源总是有限的，诸如晋升、加薪、股权、激励等，普遍存在一定的概率性，员工不能理解为"必然"。同样地，组织也没有绝对公平，如同社会也不是绝对公平一样。管理者对员工的评价会受到"曝光效应""首因效应""近因效应""错误共识效应"及各种随机事件的影响。如果员工不能理解，就容易以偏概全，对组织产生负面评价，影响自己的工作表现，也更容易在感受不如意的时候选择离职，影响自己的职业生涯。

最后，塑造个体韧性。从微观角度看，组织是员工、团队等内部要素的集合，员工韧性的提升，间接上可以提高组织韧性。通过有关培训，配合心理辅导老师给员工的辅导及答疑，以及员工之间的讨论和经验分享，组织韧性提升取得了不错的效果。员工在面对各种乌卡挑战和事件时，也要辩证地看待，任何事物都可以用正向和负向两个视角去解读，在认知上要善于挖掘事物具有积极意义的一面。另外，在外部环境不断变化的今天，个体也要主动提高的适应能力和应对能力。没有一成不变的环境，动态适应、灵活应对的个体往往更具有韧性，在危机中更加从容不迫，损失较小。个体也要善于从危机中学习，积累经验，转化为实际能力。

二、对组织的建议

对于企业的创始人、实际掌控者，有以下三个方面的建议：

首先，打工经历是宝贵的财富。一些企业的创始人和实际掌控者没当过一天打工者就开始执掌公司，有时有关战略方面的构想可能不切实际，在公司层面难以推行下去，而此时却以为下属的执行力不够，就去找执行力的问题，大会小会上开始强调执行力的重要性。这就是典型的对组织问题的误诊。所以，有一段打工经历是宝贵的财富。基层工作是了解组织最快的途径。同事、上级、供应商、客户、用户等利益相关者对业务是如何判断的，他们认为哪里容易出问题，他们认为流程怎样设计最高效，他们认为哪些制度应该改进，他们关心什么，这些在基层工作时都会有深刻体验。这是在总裁办公室里体会不到的。就像打过仗才能领悟兵法的真谛一样，在组织里工作过，是了解组织的第一步。

其次，选择适合的职业经理人而不是优秀的"学霸"。一些企业的创始人和实际掌控者在招聘的时候往往会有各种个人偏好，比如要求学历高、智商高、情商高、有海外工作经历等，这容易导致企业创始人会偏向于选择优秀的候选人，而不是合适的候选人。对于创业型企业而言，规模小、平台小，未来的发展具有很大不确定性，职业经理人施展才能空间有限。优秀的候选人很可能留不住，或者其才能只发挥了15%。这不仅是人才的浪费，而且对于优秀候选人本人而言，其工作价值、工作成就感、工作意义、晋升期待等方面的要求也难以满足。从人力资源管理的角度看，"匹配"比"优秀"更重要。"匹配"更容易取得人尽其才、双赢的结果。

最后，让"听见炮火的人发声"。很多企业的创始人和实际掌控者对于公司的业务情况、管理情况的了解都来自中、高层管理者参加的公司战略会、管理层例会、经营管理会议等。这些会议往往只有一定级别的管理者能够参加，公司得到的信息往往是经过加工的、过滤的，业务一线的声音往往得不到反馈，信息就会失真，组织决策就有可能失误。特别是在组织层级较多的金字塔式组织中，这种情况就更明显。如何能让"听见炮火的人发声"，还不用顾虑发声了之后会影响自己的绩效考核，是公司创始人和实际掌控者应该重视和考虑的。很多员工离职时都会吐露心声。而组织中最先离职的往往是优秀的员工。能用好一线员工的建议，组织有效性往往有明显提升，组织韧性的塑造也如虎添翼。

对于企业的经营者、管理者，有以下四个方面的建议：

首先，尊重人性、顺应人性。组织由人构成，人是自然属性和社会属性的结合，同时也是理性和感性的结合，组织无法要求员工完全理性，就要客观看待员工的各种人性上的弱点，更要遵从人性，从制度、流程、领导力、企业文化塑造等方面营造人性化的环境，顺从人性，减少内部的矛盾和冲突。好的管理制度往往是顺应人性的，体现更多的牵引而非强制，引导而非惩罚。如果忽视人性，把管理仅仅理解为管控、控制、支配，则很容易把员工的精力消耗在组织内部，造成对抗、离职甚至动荡。比如，组织内部如果向心力不强，很容易出现"布朗运动"，部门或员工各自为政，一盘散沙。这对于组织统一目标，执行精一战略是不利的，对组织韧性的塑造也没有好处。员工由于所受的教育、工作经历、家庭背景、成长环境等不同，思想各异。在组织中，要减少矛盾，首先要允许认知差异和理解误差，尊重每位员工的想法，求同存异，在理解基础上达成共识。另外，管理者对人性的理解不能仅停留在思想意识层面，特别是有些管理者的管理方式比较简单、粗暴。比如，认为员工是要控制的，如果不控制就会偷懒、摸鱼；指标就是要压下去的，越强势，结果越好；团队就是要统一思想等。这就直接导致了与人性的矛盾和冲突。特别是在乌卡时代，员工要面对的外部环境也呈现出棘手、复杂、不确定的一面。叠加的内外部环境因素让员工更容易感到疲惫和无力。人类尚没有进化到人人都拥有一颗强大的内心，对于乌卡环境能无差别地良好适应的阶段，个体在应对大环境时往往是脆弱的、无助的。人性的复杂会增加管理难度，管理者对此要有深刻认知，管理没有一劳永逸，也没有金科玉律，更没有捷径可循。所以，尊重人性，能够一定程度地减少组织内部的矛盾和冲突，减少达成组织目标的一部分干扰因素，使得组织凝聚、目标统一，组织韧性也更强。

其次，注重工作意义、工作价值感的塑造。管理者需要洞悉员工的心理状态与需求，无论是职场中的新生代员工，如"85后""90后"，还是越来越多的知识型员工，都不再单纯地把物质回报作为工作的主要追求目标。对管理者而言，对员工的简单物质激励已经不够。员工更多地寻找工作中的意义、价值感和成就感，通过工作去实现自我价值和社会价值，员工不是仅把工作视为工作，而是理解为职业、事业，赋予工作更高层次的意义。员工在工作中获得了这些精神层面的回报，对组织的满意度、归属感会更强，更容易营造组织与员工之间的命运共同体，对塑造组织韧性就会更有利。所以，管理者注重工作意义、工作价值感的塑造，是提升组织韧性的一种有效方式。

再次，尊重客观规律、尊重知识。很多公司为了在激烈的行业竞争中占得先机，立于不败之地，往往急功近利，制定战略较为激进，用一种线性思维甚至指数型思维去制定不切实际的战略目标，导致员工一看到目标就干脆放弃了，组织陷入一种冻结的低趋避反应状态。员工不再为了销售目标而兴奋、摩拳擦掌，而是认为"反正也完不成，干了也没用"，干脆就放弃。这样的目标制定就为组织韧性泼了一盆凉水，不仅没有激发团队，反而让团队看不到希望，士气低落。所以，管理者在组织管理中要尊重客观规律。很多创业型企业的管理者在规律面前喜欢拿"特殊性"当借口，认为自己的企业规模小，那些规律仅适用于成熟企业、大企业、跨国企业，并不适合自己，并不适合中国国情，自己的方式更有效，或者认为规律也有失效的时候，一切皆有可能。这样的企业管理者缺乏敬畏精神，自以为是，往往在实践中要栽跟头，也很难走得远。这样的企业在面对乌卡环境时就更加危险，更加脆弱。

最后，不打无准备之仗。组织要未雨绸缪，居安思危。改革开放 40 多年来，中国企业的飞速发展、中国经济的蓬勃态势让很多企业管理者倾向于乐观地看待环境、市场，乐观地预测经济趋势，甚至大举借贷，冒险决策，使很多企业在危机来临时毫无防备、被打得措手不及，甚至一度破产倒闭。2008 年国际金融危机、2019 年底暴发的新冠疫情等，这些不确定、多变、复杂的乌卡挑战和事件让人头疼的同时，也提醒我们要客观地、辩证地看待环境和形势。未雨绸缪、居安思危是传统智慧，放在今天也同样适用。花无百日红，只有平时做好准备和预案，才能更为从容地应对乌卡时代的各种挑战，将损失降到最低。塑造组织韧性要把功夫下在平时，临时抱佛脚是短视的，也是收效甚微的。

三、对政府的建议

第一，给予创业型企业一些政策上的帮扶。创业型企业如同刚萌发的幼苗，需要阳光、雨水的滋润与呵护，如果在创业型企业最脆弱的发展早期能给予一些政策上的帮扶，如金融扶持、税收减免、人才引进、财务补贴、政策优惠等，企业在遇到乌卡挑战时就会多一份应对的资源，对创业型企业而言是有意义的帮助。

第二，给予创业型企业一些管理上的指导。创业型企业在发展早期往往会把主要的资源投入直接影响利润的方向，在制度、流程、体系、管理、合法合规等方面的建设较为滞后，其也难以受到企业管理者的重视。而这些组织的"地基"建设是否牢固直接决定了组织在未来的发展中能否走得远，能否经得起风雨。所以，在企业发展早期，如果政府能对创业型企业多一些管理上的指导、免费的管理培训，将标杆企业的经验介绍到需要的企业，帮助企业进行合法、合规方面的建设，企业就更容易在成立早期建立起较强的组织韧性，少走一些弯路，多一些应对乌卡挑战的准备。

第三，减少乌卡挑战带来的局部影响。随着我国经济的跨越式发展，城镇化进程加快，越来越多的劳动者涌入城市，越来越多的劳动者向一线城市聚集，很多企业聚集的城市特别是一线城市都出现了高峰期交通拥堵、房价上涨、租房价格攀升、就业难、积分落户难的问题，这些问题往往具有乌卡的属性。当地政府如果能在这些方面出台有效的措施，就能在一定程度上会缓解城市居民的压力，也就是就业主体的压力，员工在生活中会更有安全感和稳定感，焦虑感也会降低，可以把更多精力放在工作上，从而为组织创造更大的价值，间接提升企业的组织韧性。人的精力是有限的，如果局部环境的乌卡因素减少，面对宏观的乌卡环境时，组织和员工就会更从容。

第四，加强知识产权保护。知识产权是创业型企业重要的无形资产之一。很多创业型企业依靠知识产权打造核心竞争力，依靠知识产权打造"护城河"，知识产权对于创业型企业而言意义重大。完善知识产权快速维权与维权援助机制，缩短确权审查、侵权处理周期。加大对反复侵权、恶意侵权等行为的处罚力度，探索实施惩罚性赔偿制度。完善权利人维权机制，合理划分权利人举证责任，完善行政调解等非诉讼纠纷解决途径。这些都有助于创业型企业保护知识产权。

第五，完善创业人才培养与流动机制。可以考虑未来的国民教育体系加入创业精神的培养，增加创业素质教育模块。在全社会范围内制度化、体系化创业培训和创业教育。从课程体系建设、课程内容编制、创业实践培训入手，训教结合。推动创业相关知识的进一步普及，借鉴成功经验，如去全球创新创业的代表性国家、地区、企业、高校进行走访和学习，同时可以考虑开展校企合作，让"大众创业、万众创新"立竿见影、有口皆碑。还可以将企业中经验丰富、阅历资深的人士纳入创业导师队伍（可专职可兼职），增加创业指导的实战性和有效性，以提高创业服务的质量和水平，开拓创业者视野。加快社会保障制度的完善和优化，去除影响人才自由流动的障碍，让发达地区与欠发达地区、东部地区与西部地区、新经济带与老工业基地等区域的人才充分流动起来，优势互补。完善创业创新的评价机制，让有创业精神、有理想有抱负、勇于探索和创新的一批优秀创业人才涌现出来，成为榜样，带动社会学习，以点带面，形成"百花齐放"的繁荣创业生态。

第三节　未来展望

乌卡时代的各种挑战既是对组织的考验，也带来了建立及巩固组织韧性的大好时机。在当前复杂的全球大环境下，组织面临的严峻形势和困难局面前所未有，组织韧性虽然理念较新，但是对于中国企业的重要意义不言而喻。组织韧性在帮助企业渡过危机、化危机为转机、反弹、反超、创新，进而实现可持续发展等方面功不可没，关于未来对组织韧性的研究，本书提出以下四点思路：

首先，整合现有理论，达成理论上多视角的统一。从目前的研究进展看，组织韧性仍然是一个复杂的、多视角的概念，比如包括社区、团队、个体、组织等不同层面，如果从单一视角出发，或立足于单一理论对组织韧性进行研究和分析，对组织韧性如何作用于企业行为和企业管理以及企业的可持续发展进行探究，还是片面的和局部的。整合不同层面的视角，系统性、全面性地思考将是可以预见的未来方向，也是大势所趋。

其次，实现组织韧性理论对管理实践的强有力指导。目前有关组织韧性的研究大多集中于组织韧性的理论层面，肯定了组织韧性理论的意义、价值和重要性，以及在当前时代理论的适用性，但对于如何在企业中应用企业韧性理论，不同类型的企业应用组织韧性理论后的实践、案例、经验，应用中组织韧性理论表现出的优势和不足以及后续的改进建议，中国企业适用组织韧性理论的适配性等则较少涉及。有效的理论是能够落地的理论，是能够指导实践的理论，这才是理论应用于实践的重要意义。

再次，组织韧性与个体韧性双管齐下、结合在一起进行应用可能是未来趋势。目前的研究多以组织韧性为主题或以个体韧性为主题，将两者结合在一起置于组织环境中进行的研究较少。类似的研究可能给企业管理者带来新的启示和思路。从微观上讲，组织是由个体构成的，组织韧性与个体韧性在实践中不是完全独立、彼此割裂的关系。在 ZM 公司的管理实践中我们发现，在企业中应用心理资本理论对于提升员工的个体韧性有比较大的帮助，而个体韧性的提升对组织韧性的提升也起到了积极和正向的作用。个体韧性的提升一定程度上直接或间接地促进了组织韧性的提升。而组织韧性提升的同时提升个体韧性，则可能达到事半功倍的效果。对于企业管理者而言，从个体和组织两个层面入手可能是一种新的问题解决思路。

最后，组织韧性理论应用于企业实践的工具、方法论等有待总结和完善。国内的组织韧性理论应用于企业的工具和方法论非常少，缺少一套成熟的、有指导性的、可供企业直接落地的方案和模板，大多数时候还是要靠企业管理者的自主探索。组织韧性框架模型是其中的先行者，为理论应用于实践做出了示范。希望更多的组织韧性理论的实践者能够通过在不同企业的应用，探索落地的工具、方法论，提炼典型的案例，总结经验，给企业管理者以启示和借鉴，推动组织韧性理论的应用与推广。

本书聚焦于乌卡时代各种挑战下组织韧性理论和组织韧性框架模型在国内创业型企业中的应用和实践，研究结论具有一定的文化特殊性和情境性。

部分理论和文献也是基于国外的特定情境研究而展开的，其所面临的经济环境、市场环境、文化背景、民族性格、组织发展、管理成熟度等都与国内企业有不同程度的差异，可以看作是从企业管理实践角度的一种积极的、尝试性的、具体的、纵向跟踪式的探索。本书希望通过典型国内创业型企业的管理实践和真实案例，为不同类型的国内企业提供一些相似情境下值得借鉴的思路和方法，同时为乌卡时代各种挑战下未来有关组织韧性方面的研究和实践提供一些启发、思路和帮助。

参考文献

［1］ Bothello J, Salles-Djelic M L. Evolving conceptualizations of organizational environmentalism: A path generation account ［J］. Organization Studies, 2018, 39 (1): 93-119.

［2］ Dai L, Eden L, Beamish P W. Caught in the crossfire: Dimensions of vulnerability and foreign multinationals' exit from war-afflicted countries ［J］. Strategic Management Journal, 2017, 38 (7): 1478-1498.

［3］ DesJardine M, Bansal P, Yang Y. Bouncing back: Building resilience through social and environmental practices in the context of the 2008 global financial crisis ［J］. Journal of Management, 2019, 45 (4): 1434-1460.

［4］ Gao C, Zuzul T, Jones G, et al. Overcoming institutional voids: A reputation-based view of long-run survival ［J］. Strategic Management Journal, 2017, 38 (11): 2147-2167.

［5］ Grøgaard B, Colman H L, Stensaker I G. Legitimizing, leveraging, and launching: Developing dynamic capabilities in the MNE ［J］. Journal of International Business Studies, 2019, 53 (2): 636-656.

［6］ Huang H H, Kerstein J, Wang C. The impact of climate risk on firm performance and financing choices: An international comparison ［J］. Journal of International Business Studies，2018，49（5）：633-656.

[7] Kahn W A, Barton M A, Fisher C M, et al. The geography of strain: Organizational resilience as a function of intergroup relations [J]. Academy of Management Review，2018，43（3）：509-529.

[8] Linnenluecke M K. Resilience in business and management research: A review of influential publications and a research agenda [J]. International Journal of Management Reviews，2017，19（1）：4-30.

[9] Madni A M, Jackson S. Towards a conceptual framework for resilience engineering [J]. IEEE Systems Journal，2009，3（2）：181-191.

[10] Massa F G. Guardians of the Internet: Building and sustaining the anonymous online community [J]. Organization Studies，2017，38（7）：959-988.

[11] Nayak B. John Ben P. Employee retention in the VUCA world: Challenges and strategies [J]. International Journal of Recent Technology and Engineering，2019.

[12] Nayal O E, Slangen A, van Oosterhout J, et al. Towards a democratic new normal? Investor reactions to interim-regime dominance during violent events [J]. Journal of Management Studies，2020，57（3）：505-536.

[13] Ortiz-de-Mandojana N, Bansal P. The long-term benefits of organizational resilience through sustainable business practices [J]. Strategic Management Journal，2016，37（8）：1615-1631.

[14] Rao H, Greve H R. Disasters and community resilience: Spanish flu and the formation of retail cooperatives in Norway [J]. Academy of Management Journal，2018，61（1）：5-25.

[15] Sajko M, Boone C, Buyl T. CEO greed, corporate social responsibility, and organizational resilience to systemic shocks [J]. Journal of Management，2020，47（4）：1-36.

［16］ Stoverink A C, Kirkman B L, Mistry S, et al. Bouncing back together：Toward a theoretical model of work team resilience ［J］. Academy of Management Review，2020，45（2）：395-422.

［17］ Sutcliffe K M, Vogus T J. Organizing for resilience ［M］//Cameron K S, Dutton J E, Quinn R E. Positive Organizational Scholarship. San Francisco：Berrett-Koehler，2003.

［18］ van der Vegt G S, Essens P, Wahlström M, et al. Managing risk and resilience ［J］. Academy of Management Journal，2015，58（4）：971-980.

［19］ Williams T A, Gruber D A, Sutcliffe K M, et al. Organizational response to adversity：Fusing crisis management and resilience research streams ［J］. Academy of Management Annals，2017，11（2）：733-769.

［20］ Zhang Y, Rohlfer S, Varma A. Strategic people management in contemporary highly dynamic VUCA contexts：A knowledge worker perspective ［J］. Journal of Business Research，2022，144（3）：587-598.

［21］ E. 阿伦森. 社会性动物 ［M］. 刑占军，译. 上海：华东师范大学出版社，2007.

［22］ 埃德加·沙因. 沙因组织心理学 ［M］. 马红宇，王斌，译. 北京：中国人民大学出版社，2009.

［23］ 埃里克·G. 弗拉姆豪茨，伊冯·兰德尔. 企业成长之痛：创业型企业如何走向成熟 ［M］. 黄震亚，董航，译. 北京：清华大学出版社，2011.

［24］ 安德鲁·杜布林. 领导力 ［M］. 冯云霞，范锐，译. 北京：中国人民大学出版社，2017.

［25］ 奥托·夏莫. U 型理论 ［M］. 邱昭良，王庆娟，译. 北京：中国人民大学出版社，2011.

［26］ 保罗·E. 斯佩克特. 工业与组织心理学 ［M］. 孟慧，等译. 北

京：机械工业出版社，2021.

［27］彼得·圣吉．第五项修炼：学习型组织的艺术与实务［M］．北京：中信出版社，2009.

［28］博恩·崔西．领导力：激发你的领导潜能［M］．王琰，译．北京：中国科学技术出版社，2021.

［29］布伦达·B. 琼斯，迈克尔·布拉泽．NTL 组织发展与变革手册［M］．王小红，吴娟，魏芳，译．北京：电子工业出版社，2018.

［30］蔡晓珊．经济增长新动力　知识创业正当时——广东知识型企业创业发展及政策支持［M］．北京：经济科学出版社，2017.

［31］曹慕源．单位发展中的外部风险与组织韧性锻造之道［J］．领导科学，2021（23）：48-50.

［32］曹晓妍．虚拟项目团队文化研究——基于企业亚文化视角［D］．北京交通大学学位论文，2019.

［33］曹仰锋．组织韧性［M］．北京：中信出版集团，2020.

［34］常博逸，刘文波．轻足迹管理：变革时代的领导力［M］．李瑶光，译．北京：中信出版社，2014.

［35］常博逸，张焱．VUCA 世界的生存清单［J］．商学院，2014（2）：77.

［36］常博逸，郑晓芳．"轻足迹"管理的四个特征［J］．商学院，2014（2）：72-73.

［37］常博逸．用"轻足迹"应对混乱世界［J］．商学院，2013（10）：116-117.

［38］陈劲，郑刚．创新管理：赢得持续竞争优势［M］．北京：北京大学出版社，2013.

［39］池水明．VUCA 时代的创业［J］．中外企业家，2019（7）：73.

［40］大前研一．专业主义［M］．裴立杰，译．北京：中信出版

社，2010.

[41] 戴维·巴斯．进化心理学［M］．张勇，蒋柯，译．北京：商务印书馆，2015.

[42] 戴维·迈尔斯．社会心理学［M］．张智勇，乐国安，侯玉波，等译．北京：人民邮电出版社，2006.

[43] 邓靖松．管理心理学［M］．北京：中国人民大学出版社，2021.

[44] 董保宝，罗均梅．VUCA 与新时代的创业研究——"2018 年创业研究前沿专题论坛"观点综述［J］．外国经济与管理，2018（10）：31-39.

[45] 董效林．领导者应对 VUCA 环境的四要素［J］．企业管理，2014（12）：113-114.

[46] 段春明，白彦平．新常态下提升组织韧性的路径探索［J］．领导科学，2021（20）：90-92.

[47] 范合君．中国独角兽企业研究［M］．北京：经济管理出版社，2021.

[48] 冯潇，李慧慧．在数字化时代锻造组织韧性［J］．企业管理，2021（12）：12-15.

[49] 弗雷德蒙德·马利克．战略：应对复杂新世界的导航仪［M］．周欣，译．北京：机械工业出版社，2013.

[50] 葛宝山，赵丽仪．创业导向、精一战略与隐形冠军企业绩效［J］．外国经济与管理，2022（2）：117-135.

[51] 亨利·明茨伯格．明茨伯格管理进行时［M］．何峻，吴进操，译．北京：机械工业出版社，2010.

[52] 亨利·明茨伯格．卓有成效的组织［M］．魏清江，译．杭州：浙江教育出版社，2020.

[53] 黄飞宇，杨国忠．VUCA 环境下企业变革管理复杂适应系统的建构及实现路径［J］．企业经济，2020（8）.

［54］吉姆·柯林斯，杰里·波勒斯．基业长青：企业永续经营的准则［M］．真如，译．北京：中信出版社，2019．

［55］贾雪．VUCA 时代创业企业进入生态位的战略研究——以电动汽车动力电池为例［D］．吉林大学学位论文，2021．

［56］姜英来．30 部必读的管理学经典［M］．北京：北京工业大学出版社，2006．

［57］杰弗里·A. 迈尔斯．管理与组织研究必读的 40 个理论［M］．徐世勇，李超平，等译．北京：北京大学出版社，2017．

［58］杰伊·R. 加尔布雷斯．如何驾驭矩阵组织：像 IBM 与宝洁那样运作［M］．张浩林，译．北京：清华大学出版社，2011．

［59］凯瑟琳·桑德勒．高管教练——领导者的内在对话［M］．徐卓，译．北京：人民邮电出版社，2019．

［60］科尼利斯·德·克鲁维尔，约翰·皮尔斯二世．战略：高管的视角［M］．马昕，译．北京：世界图书出版公司，2012．

［61］克里斯托弗·彼得森．积极心理学［M］．徐江，译．北京：群言出版社，2010．

［62］拉姆·查兰．领导梯队：全面打造领导力驱动型公司［M］．林嵩，译．北京：机械工业出版社，2016．

［63］兰文巧．"80 后""90 后"的创业领导力有差别吗？——基于创业企业文化建设的问卷调查与访谈［J］．领导科学，2020（10）：64-67．

［64］李平，竺家哲．组织韧性：最新文献评述［J］．外国经济与管理，2021（3）：25-41．

［65］李平．VUCA 条件下的组织韧性：分析框架与实践启示［J］．清华论坛，2020（6）：72-83．

［66］李乾文，曹佳颖．创业企业组织韧性培育路径研究［J］．现代经济探讨，2021（11）：107-115．

［67］理查德·L. 达夫特. 领导学［M］. 苏保忠，苏晓雨，等译. 清华大学出版社，2018.

［68］刘平青. 创业型企业组织发育：鲜桃的隐喻［J］. 经济界，2008（6）：24-30.

［69］刘勇. 煤矿企业组织韧性研究［D］. 辽宁工程技术大学学位论文，2021.

［70］卢桑斯. 心理资本［M］. 李超平，译. 北京：中国轻工业出版社，2008.

［71］路江涌. 危机共存：后红利时代的管理法则［M］. 北京：机械工业出版社，2020.

［72］罗伯特·克莱特纳，安杰洛·基尼奇. 组织行为学［M］. 朱超威，译. 北京：中国人民大学出版社，2018.

［73］罗庆. VUCA 时代中国人力资源管理的新思考［J］. 现代商贸工业，2021（28）.

［74］罗维维. 创业型中小企业战略管理探讨［J］. 中国管理信息化，2021（20）：121-122.

［75］迈克尔·波特. 竞争战略［M］. 郭武军，刘亮，译. 北京：华夏出版社，2012.

［76］欧绍华，朱元英. 创业者的过度自信影响新创企业绩效吗？——基于创业能力中介效应的视角［J］. 黔南民族师范学院学报，2021（1）：90-100.

［77］帕特里克·兰西奥尼. 团队协作的五大障碍［M］. 华颖，译. 北京：中信出版社，2013.

［78］帕特里克·兰西奥尼. 优势——组织健康胜于一切［M］. 高采平，译. 北京：电子工业出版社，2013.

［79］乔·蒂德，约翰·贝赞特. 创新管理：技术变革、市场变革和组

织变革的整合［M］．陈劲，译．北京：中国人民大学出版社，2012.

［80］邱昭良．学习型组织新实践：持续创新的策略和方法［M］．北京：机械工业出版社，2010.

［81］任志宏，杨菊兰．企业文化：管理思维与行为［M］．北京：清华大学出版社，2013.

［82］瑞·达利欧．原则［M］．刘波，译．北京：中信出版社，2018.

［83］尚航标，张宇宁．组织韧性研究的现状、热点和演进：知识图谱分析［J］．商业经济，2022（1）：147-152.

［84］石伟．企业文化：基于人类学和管理学的视角［M］．北京：中国人民大学出版社，2020.

［85］斯蒂芬·罗宾斯．组织行为学［M］．北京：中国人民大学出版社，2016.

［86］宋耘，王婕，陈浩泽．逆全球化情境下企业的组织韧性形成机制——基于华为公司的案例研究［J］．外国经济与管理，2021（5）：3-19.

［87］苏坚．企业知识型员工有效激励方法和措施［J］．现代企业，2022（2）：43-44.

［88］苏小玲．社会企业的组织韧性影响因素及作用机制研究［D］．电子科技大学学位论文，2021.

［89］孙英姿．知识型员工创新行为影响因素研究［J］．科技创业月刊，2021（11）：136-139.

［90］陶颜，柯江艳，何佳曦，等．组织韧性研究脉络、热点揭示与未来展望［J］．科学与管理，2021：87-99.

［91］特伦斯·迪尔，艾伦·肯尼迪．企业文化：企业生活中的礼仪与仪式［M］．李原，孙健敏，译．北京：中国人民大学出版社，2015.

［92］田阳阳．VUCA 时代背景下人力资源管理理念探究［J］．河南科技大学学报（社会科学版），2021（4）：56-59.

［93］王明姬，姚兵．管理心理学——做个会读"心"的管理者［M］．北京：北京师范大学出版社，2019.

［94］王馨博，高良谋．互联网嵌入下的组织韧性对新创企业成长的影响［J］．财经问题研究，2021（8）：121-128.

［95］王勇．组织韧性的构念、测量及其影响因素［J］．首都经济贸易大学学报，2016（4）：120-128.

［96］维克多·奥洛夫斯基，弗拉基米尔·科罗夫金．从犀牛到独角兽：传统企业如何实现数字化转型［M］．彭相诊，周雁洁，译．北京：中译出版社，2021.

［97］魏国伟．生态位视角下企业竞争环境、动态能力与创新绩效关系研究［D］．北京邮电大学学位论文，2019.

［98］吴士画，顾建平．企业家灵性资本对组织韧性的影响——基于组织学习视角［J］．财会月刊，2021（21）：107-114.

［99］谢佩洪，方鑫．创业团队经验对创业企业绩效的影响研究［J］．技术经济与管理研究，2021（7）：20-24.

［100］谢雨彤．VUCA 时代下心理契约管理的重要性［J］．煤炭工程，2021（11）：193-196.

［101］许秀瑞，侯光明，王俊鹏．VUCA 时代视域下的组织管理适应性［J］．未来与发展，2022（3）：36-41，88.

［102］杨国安．组织能力的杨三角［M］．北京：机械工业出版社，2010.

［103］杨隽萍，潘施佳．组织韧性与创业企业绩效研究［J］．生产力研究，2022（2）：1-5，15，161.

［104］杨齐，王珍．创业团队产业经验异质性、即兴行为与新创企业成长绩效关系研究［J］．当代经济，2022（3）：101-106.

［105］约翰·C. 麦克斯维尔．领导力 21 法则［M］．路卫军，路本福，

译．合肥：时代出版传媒股份有限公司，2016．

［106］曾宪聚，曾凯，严江兵．管理变局下组织韧性与组织柔性的比较与整合［J］．组织与战略，2021（5）：68-71．

［107］张戈．边缘领导模式构建——VUCA 时代的领导能力升级［J］．领导科学，2021（20）：71-74．

［108］张美恩，琳达·霍尔比奇．组织发展：OD 和 HR 实践者指南［M］．夏钰姣，等译．杭州：浙江人民出版社，2017．

［109］赵志红．VUCA 时代企业战略组织能力建设研究［J］．企业改革与管理，2020（2）：49-50．

［110］赵子鑫．VUCA 时代下我国中小企业战略调整面临的问题及对策研究［J］．中国中小企业，2021．

［111］郑林科，张海莉．韧性资本效应：缓冲生活应激与干预心理危机［J］．青海社会科学，2012（2）：42-47．

［112］朱杨，马怡宁．知识型员工角色压力的成因及其应对策略［J］．中国市场，2021（26）：84-85．

后　记

　　"乌卡时代国内创业型企业组织韧性研究——以 ZM 公司为例"是我在读博期间的研究课题，也是从企业工作到高校任职这个职业角色转型期的一份回顾和总结。之所以选择纵向研究，得益于我在企业 17 年的工作经验，跨越了粤港澳大湾区与北京，10 年珠江岁月与 7 年北漂生活，从甲方人力资源负责人到乙方管理咨询顾问，见证了太多不同类型的中国企业的成长、发展与变迁，成功、突破与彷徨。

　　组织韧性的主题是当下这个乌卡时代很多企业的经营者和管理者迫切关注的，毕竟中国企业对成为"百年企业"还是有情结的。比如，在我曾经供职的阿里巴巴集团，新员工入职培训就有"百年阿里"培训，而阿里巴巴之所以提出"要成为活过 102 年的企业"也是这种情结的直接体现。本书研究的案例均来自企业的真实情境，我在研究这个课题时，尽量真实还原当时的场景、对话、氛围、人物形象和人格特质。不过，由于案例的典型性，一些难以用对话形式展现的情境被舍弃了。其实，真实的企业经历会比研究中的案例更为精彩、丰富和饱满，这也只有亲历者能够体会。

　　与很多研究者不同，我是从实践走向理论的。这使我的视角一直秉承着"从实践出发"的特点，而不是"纸上得来终觉浅"的认知上的领会。从初入职场时期很多国内企业粗放式的发展到近些年强调更为精益的发展，不再盲目追求规模而更加专精于技术、研发与创新，企业越来越重视管理、越来越认识到规范管理带来的益处，不少企业开始主动转型升级、积极出海以获得突破和增长。从客观上看，国内大部分企业在组织韧性方面确实越来越成熟了。但随着中国改革开放40多年的发展，人口红利逐渐消失，人工智能时代来临，企业遇到的挑战也越来越难以应对，同时缺乏经验可以借鉴，相当多的企业是"摸着石头过河"，一边探索一边干，渐进式地突破。企业的发展路径和增长模式也走过了改革开放初期的快速增长阶段，呈现螺旋式上升的态势。而将乌卡时代国内创业型企业遇到的典型挑战、采取的对策、走过的弯路、收获的经验、存在的盲点一一进行梳理和总结，在我看来是有意义的，也是一种抛砖引玉。作为曾经的企业管理者和乙方咨询顾问，我总是希望更多的企业少走一些弯路，少犯一些错误，顺利完成组织变革和转型，获得可持续发展，也总是希望所做的管理研究能够真真切切为企业的管理实践带来实质性的帮助和提升，而不是纸上谈兵。

组织韧性理论和组织韧性框架模型是一个有形的指引，也是一个有效的工具，可以帮助企业经营者和管理者构筑解决问题的视角、启发能力提升的思路。ZM公司的组织韧性有优势也有不足，但总的来说，优点多于不足。它的快速发展是国内创业型企业组织韧性的一个缩影，它经历的过程很多企业都经历过。对于各种乌卡时代的挑战，不同类型的企业可谓见仁见智，解决方法也是八仙过海，各显神通。但很多管理类的问题归根结底是对人性的认知和理解。管理之所以有难度，很大程度上是因为人的复杂性，而不是说管理的理论、技术、方法有多么难。倘若管理者在管理中能够克服人性的弱点，克服管控、操纵的欲望，克服人性的自私、妒忌，克服人性的虚荣、贪婪，塑造顺应人性的制度，营造开放平等的氛围，建立激发员工潜能的企业文化，更多地牵引和鼓励员工，很多问题就会迎刃而解。所以，在组织韧性框架模型中，相对于战略韧性和资本韧性，关系韧性、领导力韧性、文化韧性这三个相对柔性的方面显得更为重要，因为这三者和人的关系更密切。然而，事在人为，由不同的人去塑造，效果也千差万别，所以也更值得企业关注。

这个课题的研究正好处在 2022 年北京新冠疫情趋于严重时期，政府倡导居家办公、减少外出，很多公共场所暂停开放。所以，外出找灵感显得不太现实，我就每日在文献、书籍和回忆中建构着点滴，像是象牙塔里的书虫。偶尔阳台盛开的韭兰和窗外喜鹊的叫声会让人放松片刻，算是疫情中的一种慰藉吧。

在完成本书的过程中，由衷感谢我的导师北京理工大学的刘平青教授，感谢刘教授从研究的构思、立意到主题、框架，再到内容、论证等整个过程给予的谆谆教导和悉心指正，刘教授严谨的治学态度、缜密的学术逻辑、精深的学术造诣、深厚的知识储备、高度的责任心将是我未来学习的宝贵财富。

感谢我曾经就职的公司，这些活力四射的组织取得的一系列商业成功创造了行业奇迹，它们成为中国经济蓬勃发展时期当之无愧的弄潮儿，与之相伴的各种管理实践、组织变革和探索创新促成了本书的构思。我很荣幸成为了亲历者和见证者，并以管理者的视角在理论和实践之间进行了深入思考。

感谢读博期间的所有任课老师将我引入工商管理领域更高层级的殿堂，使我受益匪浅，让我对以往的工作经历有了更深刻的理解和领悟。

感谢读博期间的教务老师们，为同学们提供了很多帮助，付出了很多辛苦。

感谢读博期间的同学们，一同学习的日子很充实，也很难忘，他们的帮助和启发难能可贵。

在职业生涯的这个阶段，恍然发现"专精"有时比"广博"来得重要。就像普希金在《叶普盖尼·奥涅金》中说的，无意取悦高傲的世人，做感兴趣的研究，取悦自己，是一次体验专念的过程。

2022 年 7 月于北京